Yule Vechera

Gregory Danilevsky

Святочные вечера

Григорий Данилевский

Yule Vechera

ISNB: 978-1-60444-885-6

Святочные вечера

ISNB: 978-1-60444-885-6

СВЯТОЧНЫЕ ВЕЧЕРА

От автора.

В зиму 1879 года, во время господствовавшей в Царицыне «ветлянской чумы», в Петербурге была сильная паника, по поводу так названной тогда, открытой врачами «Прокофьевской чумы». В обществе ни о чем другом столько не говорили, как о чуме. В одном кружке, собиравшемся у милого, образованного старожила Петербурга, возникла мысль избрать, для развлечения себя иную тему разговоров, — а именно обязательное сообщение каждым из членов кружка, по очереди, фантастических рассказов, в роде тех, которые написал когда-то знаменитый Боккачио, во время бывшей в XIV веке «Флорентийской чумы». Осуществлению этой мысли способствовало то обстоятельство, что в упомянутом гостеприимном кружке собирались любители безгрешных сказок о привидениях, явлениях духов и прочей бесовщине, в роде старинных рассказов: «Вечера на Хопре», — «Пан Твардовский», — «Вечер на кавказских водах в 1824 году», и др. Общество было, таким образом, с фантастической подкладкой. Автору было поручено составление протоколов предпринятых бесед, из чего и составлены нижеприводимые святочные рассказы.

МЕРТВЕЦ-УБИЙЦА.

Это случилось в прошлом, XVIII веке, в царствование Екатерины II. В большом великорусском селе скончался скоропостижно зажиточный, одинокий крестьянин, слывший за знахаря и упыря. «Беда», — стали толковать крестьяне: — «при жизни поедом всех ел; не даст покоя и после смерти». — Его положили в гроб, вынесли на ночь в церковь и выкопали для него яму на кладбище. Похороны ожидались «постные»: не только соседи жутко посматривали на опустевшую избу покойника, даже более храбрый церковный причт почесывался, собираясь его отпевать. А тут еще подошла непогода, затрещал мороз, загудела метель по задворкам и в соседнем, дремучем лесу. Первый из причта не выдержал, очевидно струсил, дьякон. Пришел к священнику, стал проситься, накануне похорон, в дальнее село, навестить умирающую тещу. — «Как же ты едешь? — уперся поп — кто же будет помогать при отпевании? нешто не знаешь, какая мошна? родичи чай вот как отблагодарят». — «Не могу, отче, ради Господа, отпусти».

Отпустил поп дьякона, остался с одним дьячком. Дьячок прозвонил до зари к заутренней, отпер церковь, вошел туда с попом и зажег свечи. Началась служба в пустой, холодной, старой церкви. Стужа ли замкнула все двери села, покойник ли пугал старух и стариков, только никто из прихожан не явился к заутренней.

Дьячок читает молитвы, напевает, пряча нос в шубейку, а сам, вторя священнику, возглашавшему из алтаря, все посматривает на мертвеца, лежавшего в гробу, под пеленой, среди церкви.

Заря еще не занималась. На дворе была непроглядная тьма. В окна похлестывал уносимый метелью снег, на колокольне что-то с ветром выло, и скрипели петли ставней и наружных дверей. Желтенькие, крохотные свечи чуть теплились у темных, древних образов.

И вдруг дьячку показалось, что убогий, потертый церковный покров шевельнулся на мертвеце. Причетник потер глаза, подумал: — «С нами крестная сила!» — и опять стал читать по книге. А глаза так и тянет снова посмотреть на средину темной, холодной церкви.

Не вытерпел дьячок, глянул и видит: у мертвеца шевелится борода, будто он дышит, уставился на царские двери.

2

— Батюшка! — сказал дьячок с клироса, остановясь читать: — у нас не ладно.

— Что там?

— Мертвец ожил, страшно мне.

— Полно, неразумный, молись о Господе! — ответил поп, продолжая службу.

Дьячок отвернулся, углубился в книгу. Долго ли он там читал, неизвестно. На дворе как будто стало светать.

— Ну, слава тебе, Боже, скоро крикнут петухи, — подумал дьячок в ту минуту, когда священник готовился стать в царских вратах, читая отпуск с заутренней.

Дьячок глянул опять на средину церкви, вскрикнул в ужасе не своим голосом и лишился чувств…

Он ясно перед тем увидал, как потом рассказывал всему селу, что мертвец поднялся на одре, опростал руки из-под могильного покрова, посидел чуточку в гробу и стал вставать — бледный, посинелый, с страшною, трясущеюся бородой. Священник испуганно и безмолвно глядел на него из алтаря. Мертвец, с распростертыми руками, раскрыв рот, шел прямо к попу…

***

Когда на дворе совсем рассвело и народ, спохватясь долго отсутствующего причта, вошел в церковь, — перед всеми предстала страшная картина.

Дьячок без памяти, с отнявшимся языком, лежал ниц у клироса. В царских вратах лежал навзничь бездыханный, с перегрызенным горлом, священник, а в гробу — неподвижный, бледный мертвец, с окровавленными губами и бородой.

Вопли и плач поднялись в селе. Убивалась попадья, чуть не умерла от горя и дьячиха. Но последнюю отлили водой; у дьячка вернулась речь, а с нею и память. Он все рассказал, как было.

— Упырь, людоед! — решили крестьяне миром: — это он загрыз батюшку. Не хоронить его на кладбище, а в лесу, и припечатать его не отпускной молитвой, а осиновым колом.

Отвезли знахаря-мертвеца в самую чащу леса, вырыли там

другую яму, положили туда упыря и пробили его насквозь в грудь острым осиновым колом: теперь не будет портить сатана неповинных людей.

Священника похоронили с честью, попадью щедро одарили, а церковь начальство, за такой святотатственный казус, до новых распоряжений впредь, запечатало.

Остались прихожане без попа и без церкви. Ездили они, просили. Консистория все собиралась произвести следствие. Благочинный брал посильные приношения, обещал уладить дело, но церковь не отпечатывали. Крестьяне собирались писать прошение, но не знали, куда подать.

***

Дело случайно дошло до сведения Екатерины. Слушая доклад генерал-прокурора, кн. Вяземского, о разных происшествиях, она обратила внимание на случай с упырем.

— Что же ты думаешь об этом? — спросила императрица докладчика.

— Казус необычный, — ответил генерал-прокурор — он коренится в суевериях грубой черни.

— Хороши суеверия… перегрызенное горло! ведь священника-то тоже схоронили. Отложи, князь, это дело вон на тот ломберный стол и позови ко мне Степана Иваныча Шешковского… хоть сегодня же вечером, перед оперой…

Явился к императрице знаменитый сыщик, глава и двигатель тайной экспедиции, Шешковский.

— Что благоугодно премудрой монархине? — спросил тайный советник и владимирский кавалер, Степан Иванович, согнувшись у двери, с треуголом под мышкой и шпагой на боку.

— А вот, сударь, бумажка, прочти и скажи свое мнение.

Шешковский отошел с бумагой к окну, прочел ее и, подойдя к Екатерине, замер в ожидании ее решения.

— Ну, что? — спросила она: — любопытная история — поп, загрызенный мертвецом?

— Зело любопытная, — ответил сыщик — и где же, в храме!

— То-то в храме. И консистория, запечатав церковь, предлагает дело предать воле божьей, а прихожанам, освятив храм, поставить нового попа...

— Попущение Господне, за грехи, милосердая монархиня... Как иначе и быть! — произнес, набожно подняв глаза, Шешковский.

— Ну, а я — грешный человек! — думаю, что здесь иное! — сказала императрица и. взяв перо, написала резолюцию на докладе: «Ехать в то село особо-назначенному мною следователю и, тайно дознав истину, доложить лично мне».

Екатерина дала Шешковскому прочесть свое решение.

— Кого, ваше величество, изволите командировать? — спросил Степан Иваныч.

— Кому же, государь мой, и ехать, как не тебе? — ответила императрица: — держи все в секрете, как здесь, так и в губернии, — и все мне доподлинно своею особой разузнай.

Шешковский поклонился еще ниже.

— Великая монархиня! мое ли то дело? с бесами, прости, да с колдунами, я еще не ведался и не знаю с ними обихода... ведь они...

— Вот в том-то и дело, батюшка Степан Иваныч, что нынче век Дидерота и Руссо, а не царевны Софии и Никиты Пустосвята... Мне чудится, я предчувствую, убеждена, что здесь все всклепано на неповинных, хоть по твоему может и существующих бесов и упырей.

***

Шешковский, с именным повелением Екатерины в кармане, переодевшись беспоместным дворянином, полетел с небольшою поклажей по назначению.

В губернии он оставил чемодан, с запасною форменною одеждой, на постоялом в уездном городке; сам переоделся вновь в скуфейку и рясу странника и пошел по пути к указанному селу. Верст за двадцать до него, — то было уж второе лето после события с священником и упырем, — его догнал обоз с хлебом.

— Куда едете?

— В Овиново; а тебя Господь куда несет?

— В Соловки.

— Далекий путь, спаси тебя Боже, — чай притомился?

— Уж так-то, православные, ноженьки отбил.

— Ну, садись, подвезем.

Подвезли извозчики до Овинова, а за ним было Свиблово, то самое село, где случилась история в церкви. Везут странника мужики и толкуют о свибловских: всех знают, всех хвалят, мужики добрые, не раз хлебом у них торговали. — Что же, храм божий есть у них? — Нету-ти, закрыли из-за Господней немилости, благочинный скоро обещает открыть, да дорожится. — Кто же будет попом? — Два дьякона ищут, ихний и овиновский. — Кого же хочет мир? — Овиновского, подобрее будет; ихний злюка и с женой живет не в ладах. Вон и его хата, на выгоне, под лесом, — выселился за реку — держит огород.

Странник встал у околицы, поблагодарил извозчиков, выждал вечера и зашел к дьякону. Хозяина не было дома, дьяконица пустила его в избу. Ночью странник расхворался. Лежит на палатях, охает, не может дальше идти. Возвратился дьякон, обругал жену: пускаешь всякую сволочь, еще помрет, придется на свой счет хоронить. Услышал эти речи странник, подозвал дьякона, отдал ему бедную свою кису, просит молиться за него, а неодужает — схоронить по христианскому обряду. Принял дьякон убогую суму богомольца, говорит: ну, лежи, авось еще встанешь. День лежал больной, два слова не выговорит, только охает потихоньку. Забыл о нем дьякон, возвратился раз ночью с огорода и сцепился с женой, — ну ругаться и корить друг друга. — Да ты что? говорит дьяконица: ты убийца, злодей. — Какой я убийца, сякая ты, такая! я слуга Божий, второй на клиросе чин… а поможет благочинный, буду и первым! — Убийца, ты перегрыз горло попу… сам признавался…

Далее странник ничего не мог расслышать. Хозяева вцепились друг в друга и подняли такую свалку, что хоть вон неси святых. К утру все угомонилось, затихло. Странник днем объявил, что ему лучше, поблагодарил за хлеб-соль и пошел далее…

Возвратясь в город, он явился к воеводе, прося о себе доложить. Ему ответили, что его высокородие изволит кушать пунш и принять не может. Странник потребовал непромедлительного приема.

Его ввели к воеводе, восседавшему у самовара за пуншем.

— Кто ты, сякой, такой, и как смел беспокоить меня?

Странник вынул и показал именной указ императрицы.

***

В тот же день в Свиблово поскакала драгунская команда. К воеводе привезли дьякона, дьяконицу и дьячка.

Дьякон не узнал сперва в ассистенте воеводы гостившего у него странника. Шешковский облекся в форменный кафтан и во все регалии. Дьякон на допросе заперся во всем; долго его не выдавала и дьяконица. Но когда Шешковский назвал им себя и объявил дьяконице, что, хотя пытка более не практикуется, он, на свой страх и по личному убеждению, имеет нечто употребить, и велел принести это «нечто», то есть изрядную плеть, веревку и хомут, и напомнил ей слышанное странником, — баба все раскрыла: как дьякон, по злобе на попа, вместо поездки к теще, переждал в лесу, проник в церковь, лег в гроб, а мертвеца спрятал в складках пелены под одром, напугал дьячка и задушил, загрыз священника, а мертвецу выпачкал кровью рот и бороду и скрылся.

— Что скажешь на сию улику твоей жены? — спросил Шешковский.

Дьякон молчал.

— А ну, ваше высокородие, — подмигнул Степан Иванович воеводе.

Двери растворились: в соседней комнате к потолку был приправлен хомут и стоял «нарочито внушительного вида» добрый драгун с тройчатой плетью.

Дьякон упал в ноги Шешковскому и во всем покаялся.

Его осудили, наказали через палача в Свиблове и сослали в Сибирь. Церковь отпечатали, овиновского дьякона, женив предварительно на дочери загрызенного священника, посвятили в настоятели свибловского прихода. Местного благочинного расстригли и сослали на покаяние в Соловки.

7

— Ну, что, не я ли тебе говорила? — произнесла Екатерина, встретив Шешковскаго: — а ты, да и ты — предать воле Божьей, казус от суеверия грубой толпы. Мертвец-убийца! ну, может ли двигаться, а кольми паче еще злодействовать покойник, мертвец?

— Так, великая монархиня, так, мудрая и милостивая к нам мать! — ответил, низко кланяясь, Шешковский: — ты всех прозорливее, всех умней.

Он еще что-то говорил. Екатерина стала перебирать очередные бумаги, его не слушая. Грустная и презрительная улыбка играла на ее отуманившемся лице…

ЖИЗНЬ ЧЕРЕЗ СТО ЛЕТ

«Еще никто не видел моего лица».

Древняя надпись на статуе Изиды.

Настоящий рассказ относится к нынешнему веку, а именно к 1868 году.

Некто Порошин, молодой человек лет двадцати пяти-шести, черноволосый, сухощавый, бледный и красивый, незадолго до времени, которого касается этот рассказ, кончил курс в Московском университете, где избег тогдашних волнений молодежи, вследствие особого склада своей природы. Все его помыслы, стремления и привязанности вращались в особом, заколдованном кругу, который можно бы назвать «идеальным», в обширном значении этого слова. Он читал философов, деистов, но рядом с ними и натуралистов, последних — для сравнения с первыми.

Жадно пробегая в газетах известия о сверхъестественных явлениях, призраках, сомнамбулистах и медиумах, он сам, впрочем, не верил в практический сомнамбулизм и медиумизм, особенно в те его проявления, которые трактуются и публично показываются шарлатанами вроде Юма, Бредифа, Следа, братьев Эдди и других фокусников этого пошиба.

Приехав в 1868 году в Париж, для поправления своего вообще расстроенного и слабого здоровья, Порошин посещал лекции разных ученых, но не пропускал и других диковинок, в том числе фантастических вечеров вроде сеансов Робер-Гудена и ему подобных, где показывались опыты так называемой высшей физики, явления спектров, ясновидения и прочие трансцендентальные затеи, где он наблюдал за тем, как ловкие, умные и вообще всегда весьма милые французские фокусники-шарлатаны морочат уличную, пресыщенную другими удовольствиями толпу.

Однажды Порошин сидел в зале такого физика. На сцене была усыплена какая-то белокурая девица, читавшая запечатанные письма и диктовавшая рецепты больным из публики. Все шло хорошо, как по маслу. Щеголеватый профессор сомнамбулизма, во фраке, в белом галстуке и таких же перчатках, щебетал с кафедры перед спящею ясновидящей, сыпля именами новейших светил реальной философии и путая, по обычаю французов, Шопенгауэра с Гартманом и Штрауса с Фейербахом. Становилось очень скучно. В зале была давка и духота. Лампы тускло освещали море голов. И в то время, когда Порошин уже хотел уезжать, одна из этих голов, в красной восточной феске, шевельнулась среди публики, и из ее уст послышался резкий голос:

— Это шарлатанство, надувательство грубого вида!

Все всполошились, оглянулись. Профессор смутился.

— Грубый обман и ложь! — повторил громко человек с красивым смуглым и умным лицом. — Публика должна протестовать…

— Кто вы? — спросил хозяин вечера. — Так не смущают зрителей! Если вы не верите в опыты ясновидения, зачем сюда пришли? Зачем платили деньги? Можете их получить обратно…

— Шарлатанство! — твердил тот же восточный человек, очевидно армянин. — Я говорю не против сомнамбулизма, а против таких обманов, какие разыгрываются здесь… Вы усыпили свою соучастницу. Она не спит, а потому такая же обманщица, извините, как вы… Но я верю в ясновидение, — я его поклонник и занимаюсь им давно…

В публике, смешанной с подставными, очевидно, наемными зрителями, поднялся невообразимый шум. Армянин в феске вскочил на стул, показал руками, что хочет говорить.

— Но я верю в могучую, беспредельно-великую силу сомнамбулизма, — смело продолжал армянин ломаным французским языком, когда все затихло. — Я сам владею даром усыпления… И вот доказательство…

— Вон его, за дверь! долой! — кричали подставные клакеры, с красными, вспотевшими лицами.

— Пусть говорит, пусть делает опыт по-своему! — кричали другие из зрителей, толпясь к сцене.

Сконфуженный, с измятым галстуком и распоротой в давке фалдой фрака, взъерошенный маг-профессор, с своим помощником, возвратился на кафедру. Туда же дали пройти и человеку в феске.

— Я хочу, желаю, требую, чтобы вы сами заснули! — сказал последний, обращая черные, повелительные и умные глаза к профессору. — Садитесь, вот так: сложите ваши руки и спите… слышите ли? спите, я приказываю!..

Профессор улыбнулся, поморщился, сел, окинул общество растерянным, недовольным взглядом; очевидно против воли закрыл глаза, зевнул… и, к удивлению всех, заснул. Армянин сложил на груди руки, поглядел так же повелительно на помощника профессора, шершавого, коротко остриженного и рыжего малого, очевидно из отставных военных, поднял руку, устремил к нему протянутые пальцы-помощник также заснул…

Изумление публики было без границ. Все замерли, глядя на таинственную феску.

— La séance est levée! Заседание наше кончено! — сказал армянин, медленно и важно сходя со сцены. — Вы видели! вот сомнамбулизм!

Поднялась давка и суета. Все хотели его видеть ближе, с ним говорить. Но таинственный незнакомец исчез в толпе, точно провалился сквозь пол.

«Не верится, — подумал Порошин, уходя из залы практической физики, — старые шутки на новый лад! Простодушные, легковерные французы не догадались, дали промах. Очевидно, и армянин был тем же наемным, подставным лицом... Маг-профессор заметил охлаждение к себе посетителей, ну, и придумал таким образом подогреть их внимание. Та же реклама, то же шарлатанство. Да притом и не особенно оригинально... Известна проделка американского журналиста, который, для поднятия подписки на свой журнал, стал печатать в других изданиях самые резкие, наглые на себя нападки от вымышленных лиц: одни печатно выставляли его мошенником и клятвопреступником, другие вором и убийцей, третьи развратником в колоссальных размерах. Он не скупился платить за такие дружеские рекламы, пока все не задумались — да видно же любопытный это и недюжинный человек, когда о нем все так кричат! — и стали раскупать его собственную газету».

Прошло с этого вечера несколько месяцев. Порошин забыл о сомнамбулисте-профессоре и об армянине. Раз он шел с товарищем Чубаровым сквозь Луврский двор. Видит, Чубаров раскланялся с каким-то человеком в феске. Порошин узнал армянина.

— Как, ты его знаешь? — спросил он Чубарова.

— Еще бы не знать такой замечательной особы, — ответил с улыбкой Чубаров. — Мы с ним жили как-то на водах, в Германии.

— Да чем же он знаменит?

— Помилуй, он вызыватель духов, медиум и чуть не заклинатель змей...

— Нет, вздор! ты шутишь, — возразил Порошин, — ты не такой, чтоб знался с вызывателями духов и заклинателями змей... Слушай, чему я был очевидцем...

Порошин передал рассказ о случае в зале профессора ясновидения. Чубаров задумался.

— Ты ошибаешься, это не шарлатан и не мог быть в стачке с сомнамбулистами! — сказал он. — У этого армянина, черт бы его побрал, есть действительно кое-какие способы... Но я тебе, Порошин, о них не сообщу...

— Почему?

— Ты за последнее время что-то уж очень похудел, еще стал бледнее, и зрачки вон у тебя несколько расширены, и нервный ты такой... Тебе это опасно, я же испытал...

— Полно, глупости! расскажи! — пристал Порошин к приятелю. — Не мучь меня; правда, какая бы она ни была, никогда меня не потревожит... Я добиваюсь истины; одна ложь, одни обманы мучат и раздражают меня... Расскажи, открой, в чем это дело? Ты верно знаешь и адрес армянина, у него бывал и здесь... Так после вод не встречаются... Он на тебя посмотрел очень сочувственно...

Делать нечего, Чубаров зашел с Порошиным в кафе, на набережной Сены, и это ему сообщил. Оказалось, что армянин, адрес которого Чубаров здесь же передал приятелю, обладал секретом — переносить человека, во сне, через сто лет вперед.

— И ты этому веришь? — спросил с болезненной улыбкой Порошин.

— Еще бы, — нехотя ответил Чубаров, — как не верить, когда я сам, благодаря этому странному человеку, испытал такого рода путешествие...

— И не раскаиваешься?

— Пожалуй, с некоторой стороны, досадно и даже обидно...

— Почему обидно?

— Да потому, что не хотелось, а пришлось проснуться... Во сне было так хорошо...

— Гм! и как он это делает?

— Дает, представь, какие-то пилюли...

— Что в рот, то спасибо? — раздражительно засмеявшись, спросил Порошин. Экие ловкие эти азиаты! Ну, можно ли так морочить людей? Да еще, пожалуй, и деньги берет?

— Берет, друг мой, и большие...

— Гм! — промычал Порошин. — Отсохни моя рука, если я ему дам хоть полушку за такой обидный обман.

Чубаров, однако, был убежден, что Порошин не вытерпит, и боялся особенно за его здоровье, не очень-то подходящее для таких опытов.

Так и случилось.

Порошин в тот же день думал-думал, нанял фиакр и покатил по

бульварам на площадь Трона, украшенную двумя колоннами, с бюстами старинных французских королей, где, по адресу Чубарова, жил таинственный армянин.

***

Армянин жил с женою, хорошенькою и молодою женщиной. Он принял гостя не совсем дружелюбно.

— Вы можете перенести меня в будущую жизнь? — спросил Порошин армянина, после первых с ним объяснений.

— Да... но только в будущую жизнь — на земле.

— Понятное дело... Где же именно и когда вы мне дадите пожить в будущем?

— Здесь же, в Париже... иначе, разумеется, и быть не может! Вы заснете в моей комнате и очнетесь в ней же, через сто лет, то есть проснетесь через секунду, когда задремлете, и очутитесь во времени, которое настанет для Парижа, для целого света, по прошествии ста лет...

— Чепуха, — в волнении и сердито произнес Порошин. — Извините меня, галлюцинации какие-нибудь от наркотических средств. Еще дурно сделается, будет голова трещать, как раскаленный котел, отупеешь на время, руки будут трястись...

— Видно, что вы уж пытались делать такие эксперименты, — сказал, чуть заметно усмехнувшись, армянин.

— Ну, да... был так слаб, увлек один индиец, здесь же, на всемирной выставке, — ответил Порошин.

— Все увидите сами, сами испытаете, — произнес серьезно и как-то задумчиво-грустно армянин. — Мои средства иные, безвредные, достались от отца, от деда на родине, в Армении. Не всего достиг человек, слабы силы смертных, — но кое-что открывается мудрым Востока, достойным умам. Знаете надпись на статуе богини Изиды: еще никто не видел моего лица? Да, это бывает открыто немногим.

— Кому открыто? не верю... — сказал Порошин. — А уж в Азии еще более, простите, падких к проделкам, ловких фокусников и

13

шарлатанов. Я долго об этом думал... а впрочем, сколько стоит ваш опыт с усыплением?

— По сто франков за день, а если неделя, — несколько дешевле — пятьсот франков за неделю! — спокойно и так же задумчиво ответил армянин.

— То есть как пятьсот за неделю? За какую неделю?

— Ну, вы проснетесь и, положим, захотите прожить в том веке, то есть в 1968 году XX столетия, ровно семь дней... вот за каждый день и внесете плату!

— Когда внесу?

— Вперед, разумеется...

— Ха-ха-ха! Что вы! — засмеялся Порошин: — нашли простака, чтоб я этому поверил. С вас еще надо взять деньги за эту шутку... Слышите ли, наесться ваших восточных специй и, в смешном виде, пластом пролежать перед вами час-другой, потешая вашу наблюдательность...

— Не час и не два, ровно неделю, повторяю, вы будете спать, — сказал с достоинством и так же спокойно армянин. — И дело вовсе не шуточное, не на смех! Есть немало охотников... и не одни молодые люди, как вы, а солидные ученые, буржуа, — и даже владетельные особы обращаются ко мне и к моей жене...

— Какие особы? И почему также к вашей жене?

— Тайна досталась нам от ее родных, пешаварских армян; ее и меня звали с этой тайной в Испанию, Италию и даже в Мексику; испанская королева два раза засыпала, при нашем посредстве, а покойный мексиканский император, несчастный Максимилиан, мне даже пожаловал орден незадолго до своей катастрофы...

«Ну, уж я-то не засну, ни в каком случае!» — сказал себе с твердостью Порошин, уходя от армянина.

Ему показалось, что жена последнего, провожая его с лестницы, смотрела на него подозрительно и насмешливо, как бы мысля: «Придешь еще, голубчик, придешь».

Так и случилось.

На другой же день Порошин возвратился на площадь Трона, к армянину.

— Вот пятьсот франков, — сказал он, запыхавшись от высокой лестницы и поспешной, тревожной ходьбы. — Где ваши снадобья? Я готов...

— Это для меня, — сказал армянин, считая тонкими, белыми и нежными, как у женщины, пальцами принесенное золото. — Но ведь нужны деньги и для вас?

— Какие деньги? это еще для чего?

— Вы же проснетесь в том веке, проживете в то именно время — семь дней сряду, — вам нужно есть, пить, захотите, пожалуй, и удовольствий.

— Сколько нужно? — спросил, глядя в пол, Порошин.

— Это зависит от вас самих... смотря по вашим наклонностям. Ваших привычек я не знаю,

— Однако же... и мне притом трудно... я там, понимаете, не жил... экая чепуха! даже смешно...

Порошин, однако, теперь не смеялся. Глаза его были строги и с острым, лихорадочным блеском смотрели куда-то далеко. Побледневшие его губы слегка вздрагивали.

Армянин подумал с минуту.

— Полагаю, — сказал он, — этих денег, то есть пятисот франков, будет достаточно... Я устрою их обмен и вручу вам их перед сном, — а проснувшись вы отдадите мой заработок особо — мне или жене...

— Вексель надо? — спросил Порошин.

— О! я вам и так поверю, — ответил армянин. — Кроме того, вам нужно... платье...

— Какое платье?

— Да через сто лет, надеюсь, не в этой жакетке и не в этих узких панталонах будут ходить.

— Где же я возьму? притом здешние портные вряд ли подозревают будущие моды...

— О! я вам и в этом помогу! У моей жены есть на такой случай запас.

15

Армянин сходил в комнату жены и вынес оттуда картонную коробку с платьем, замшевый мешочек, какой-то странного вида ящичек и небольшую жаровню.

— Вот наряд, в котором парижане будут ходить через сто лет, — сказал он. А это тогдашние, то есть будущие монеты.

Он вынул из картонки шелковый просторный полукафтан, или скорее полухалат, яркого, невиданного, восточного цвета, до колен, такие же широкие панталоны, еще более яркий шейный платок и мягкую соломенную, в виде зонтика, шляпу и открыл замшевый мешочек. Из мешочка он высыпал горсть золотых монет, с надписью на одной их стороне, по-французски: «Равенство, свобода, братство» — «Французская Республика 1968 г.» — а на другой стороне — какие-то восточные письмена вроде арабской или еврейской азбуки или даже иероглифов.

— Нелепость! — сказал, отвернувшись, Порошин. — У французов никогда не будет республики... Они по природе монархисты, а вкусом — фетиши... Да и вы рискуете: теперь здесь правит Людовик Бонапарт — его агенты увидят у вас эти монеты, вы еще насидитесь в полиции, вас осудят и вышлют.

— Это уже мое дело, — серьезно и сухо ответил армянин.

Он раздул принесенную с угольями жаровню и взял в руки серебряный, с финифтью, изящного и странного вида ящичек. Из ящичка он вынул несколько зерен. Зерна были черные, блестящие, точно выточенные из агата.

— Эти пилюли, — произнес с важностью и даже благоговением армянин, — вы примете, если на это решились, одну за другою... Вот ровно семь пилюль, вы проглотите их и, проспав здесь семь дней, ровно столько же дней проживете в следующем веке... Понятно ли вам? Но еще одно условие, — не мое, а тех, кто оставил нам эти зерна.

— Какое? говорите скорее: не мучьте, не томите, у меня точно лихорадка...

— За каждый день жизни в том земном веке, то есть через сто лет, — вы одним годом менее проживете в этом свете, или веке... Условие — извините не шуточное, и я вас о том предупреждаю... Подумайте прежде, чем решитесь заснуть.

— Давайте ваши пилюли, я решился! — ответил, покраснев,

Порошин. — Не хочу откладывать, давайте теперь же. — Порошин взял пилюли.

Армянин помог гостю переодеться в принесенное «будущее платье», причем услуживал ему с отменною любезностью. Незаметно вошедшая в это время жена армянина полуспустила гардины на окна, переставила некоторую мебель и бросила на уголья жаровни какую-то нежнопахучую, янтарного цвета, смолу. В комнате мгновенно стал распространяться необъяснимый, томительно-сладкий, опьяняющий запах.

— А что это за надписи на обороте монет? — спросил он хозяина. — С какой стати во Франции будут чеканить на национальных деньгах подобные азиатские письмена?

— Это все вы узнаете сами, проглотив последнюю из пилюль, — вежливо-сдержанно ответил восточный маг.

Порошин взял на ладонь поданные зерна, поглядел на них с секунду и быстро проглотил их одно за другим. Армянин указал ему на ключ в двери, стакан и воду в графине, также вежливо откланялся и вышел с женой.

«Посмотрим, — подумал Порошин, замыкая за ними дверь. — И уж если надуют, я не пощажу их, обо всем напечатаю в газетах...»

Он подошел к столу, выпил залпом стакан воды и взглянул на площадь Трона в окно. Наступал вечер. Солнце золотило крыши домов, колонны с бюстами королей, фонтан и ветви старых каштанов.

Непонятная, чарующая нега стала охватывать Порошина. — «Нет! не поддамся! даже вовсе не засну и посмотрю, что будет!» — сказал он себе, принимаясь ходить по мягкому, пестрому ковру небольшой, уютной горенки.

Долго ли так ходил Порошин, улыбаясь предстоящему испытанию и думая о своей решимости наблюдать, — этого он впоследствии не помнил. Подойдя к окну, он опять взглянул на площадь и потер глаза: площадь Трона как бы застлало туманом. Порошин присел на кушетку, склонил голову. «Да что же это со мною? — мыслил он. — Я как будто дремлю!» Он почувствовал, что, одолеваемый неудержимой наклонностью заснуть, он ложится, протягивает ноги и против воли дремлет, даже засыпает

...«Нет, черт возьми, не засну! Не засну, ни за какие блага на свете!» сказал себе Порошин, усиливаясь выбиться из сладких, охвативших его грез, усиливаясь не покориться им и встать

…Это ему как бы удалось…

Он вскочил и подошел к окну. Что за чудо? Та же самая place или barriere du Trone, те же колонны с бюстами, фонтан и каштаны, — но как будто и не те. Солнце било косыми, фантастическими, желтовато-розовыми лучами. Пахло опьяняющим запахом лилий, ландышей или акаций. Голова кружилась, как весной в цветущей теплице. Улицы кипели народом. На балконах и в окнах развевались веселые, причудливые флаги, знамена. Очевидно, был какой-то праздник. Осьми- и десятиэтажные дома были снизу доверху увешаны громадными хромолитографическими картинами, в виде вывесок. Звуков подков и колес не было слышно. Странного вида экипажи, одноярусные, двух- и даже трехъярусные омнибусы, кареты, красивые с зонтами долгуши и какие-то паланкины вроде подвижных беседок, наполненные проезжавшей публикой, двигались среди залитой асфальтом площади, — как подумал Порошин, — на обитых гуттаперчевыми шинами колесах и по гуттаперчевым рельсам, а главное — без помощи лошадей и пара. «А! С помощью сжатого воздуха! — догадался Порошин. — И какая масса грамотных, охотников до чтения новостей… Все на крышах омнибусов, в паланкинах и долгушах с громадными листами газет». Едущая публика снизу казалась, с этими газетными листами, в виде двигавшейся громадной нивы белых грибов… За площадью была видна часть новой городской стены, окружавшей Париж. Простым глазом можно было рассмотреть, что на этой стене ходили, в странных, длинных одеждах, вооруженные воины, а над ближайшей крепостной башней развевалось исполинское красное знамя, с изображением желтого дракона.

«Что за чепуха! дракон! — подумал Порошин. — И откуда в Париже дракон? Точно во сне, а между тем я вовсе уже не сплю».

Сгорая любопытством, он осмотрелся, увидел, что и на нем одежда, походившая на одеяние уличной публики, поспешил отомкнуть дверь комнаты и спустился на улицу, так как наступал вечер и солнце готовилось зайти за башню с знаменем.

Очутившись на асфальтовой, в виде узорного паркета, мостовой, Порошин прежде всего убедился, что находится действительно среди тех же ему знакомых парижан: бойкая французская речь, веселые возгласы, шутки, азбука надписей на вывесках, — все убеждало, что он в самом деле в Париже. Но как, с кем и о чем ему заговорить? Ведь он из далекого XIX века, ведь люди XX века сразу его распознают, или просто, не поняв, сочтут за сумасшедшего, подозрительного, еще арестуют, запрут на все семь дней в тюрьму. Что у него с ними общего? И как эти новые люди встретят его понятия, самые обороты мыслей, речения, слова? «Надо спросить книжную лавку, — решил на площади Порошин, — кабинет для чтения, а еще лучше кафе-ресторан!» Там он лично и без постороннего пособия ознакомится с текущими событиями, с новостями того любопытного, неразгаданного дня... Но какого дня? Он заснул, или точнее его стремились усыпить — в среду, 15 августа 1868 года. Посмотрим...

— «Нет! — сказал себе Порошин. — Не стану ни о чем спрашивать, ни о книжных лавках, ни о кафе-ресторане; сам все найду».

Отыскав поблизости кофейню, Порошин подошел к столику, взял газету с заголовком: «Гений XX века» и стал ее читать. Чем далее он читал этот «Гений» и другие газеты, тем более рябили в его глазах разные диковинки и чудеса: расписание подземных поездов железных дорог, между Англией и Францией; экспедиция из всеславянского торгового порта, Константинополя, в срединное море Африки, искусственно устроенное на месте бывшей песчаной Сахары, куда напустили воду из более возвышенного Средиземного моря.

В одной из газет, в передовой статье, Порошин наткнулся на фразу: «В старые, незапамятные годы, после низвержения династии Бонапартов и, как известно, во время правления ныне угасшей династии Гамбеттидов...» Волосы шевельнулись на голове чтеца, и он боязливо оглянулся, не увидел бы его за чтением таких ужасов полицейский сержант.

— «Ужели краснобай Гамбетта мог действительно когда-нибудь

сменить во Франции династию Наполеонидов? — подумал Порошин, — Но кто же теперь правит французами?» — Едва он это помыслил, как ему в глаза попалась новая, более загадочная фраза. Он обратил внимание на заголовок последнего законодательного акта…

«Божьею милостью и по воле правительствующего высокого народа китайского, — мы, европейские министры его светозарного величества, императора Китая и богдыхана Европы, — по зрелом обсуждении в местных и общем европейском парламентах, постановили и постановляем…» —

«Как? китайцы? вот небывальщина! и откуда взялся в Европе богдыхан? спрашивал себя Порошин. — Как бы это в точности узнать? Спросить? Но кого? Меня как раз сочтут за безумного, незнающего таких, по-видимому, общеизвестных вещей, как история дня, обратят на меня внимание… Вот что… — обрадовался Порошин, — надо обратиться к учебнику истории прошедшего века, или еще проще — купить календарь…»

Порошин подошел к буфету, выпил рюмку какой-то спиртной специи, очень отдававшей шафраном и имбирем, и закусил тартинкой; последняя тоже обратила на себя его внимание: оказалось, что это был ломтик хлеба, с приправой «птичьего гнезда». Буфетчик и слуги были с бритыми головами, длинными, заплетенными косами и в черных шелковых, китайских шапочках. Посетители сидели с опахалами; на головах военных были широкополые шляпы с шариками и павлиньими перьями. Везде отзывалось китайщиной, и это очень шло к французам, как известно, и в былое время, в XIX столетии, бывшим великими охотниками до разных «chinoiseries».

Найдя книжную лавку, Порошин купил и там же стал читать календарь. То, что он узнал из этого чтения, привело его еще в большее изумление.

Оказалось, что китайцы, которых, по исторической статье календаря, в половине XIX века считалось около 300 миллионов, уже в то время начинали смущать политико-экономов страшно-быстрым ростом своего народонаселения. К концу же XIX столетия китайцев считалось до 500 миллионов, т. е. половина всего человечества, живущего на земле. Наступил XX век, и в первую четверть этого нового века народонаселение Китая возросло до 700 миллионов. Жители Небесной империи, соперничая с своими соседями, японцами, переняли у Европы все практические познания, в особенности гениальные технические изобретения европейцев в деле войны. Они завели громадную сухопутную армию в 5 миллионов солдат и исполинский паровой флот в сто мониторов и вдвое быстроходных, гигантских паровых крейсеров. Покрыв свою страну сетью железных дорог, которые у них дошли до Западной Сибири и Афганистана, они сперва покорили и поглотили изнеженную Японию, потом завоевали и обратили в свои колонии республику Соединенных Штатов Америки, в чем им помогла новая, истребительная междоусобная война Северных и Южных Штатов, которою наполнилось начало XX века, при постыдном соперничестве двух тогдашних президентских династий. Переселив в завоеванную Америку избыток своего народа, теснившегося под конец, за недостатком земли, на плавучих и свайных постройках их рек и озер, китайцы обратили внимание на Европу. Они послали свой флот в Атлантический океан, где в 1930 году произошла колоссальная морская битва китайских мониторов с мониторами еще существовавших тогда, самостоятельных государств европейского материка, — Англии, Франции, Италии и Германии. Дело, по словам календаря, решилось особыми подводными, китайскими «минами-пушками», которые подплывали под килевые части европейских мониторов и, стреляя залпами бомб, начиненных динамитом, взрывали и топили эти грозные когда-то суда.

Европа в 1930 году была завоевана Китаем…

Отдельные, во время оно сильные и славные государства, Франция, Англия, Италия и Германия, поглотившие незадолго перед тем ряд второстепенных стран — Испанию, Австрию, Швецию и Данию, были в свой черед поглощены и упразднены китайцами. Победители прекратили их самостоятельное существование и обратили их, как и Америку, в свою колонию. Явилась федеративная Европа, которой богдыхан, в утешение туземных ученых и публицистов, дал название «Соединенных Штатов Европы», подчиненных китайскому императору. Сам он с тех пор стал именоваться богдыханом Европы, как некогда английская королева носила титул императрицы Индии.

Порошин с трепетом стал доискиваться в занимательном календаре сведений о судьбах России. Она, к его утешению, уцелела в этой общей ломке, вследствие своего дружеского китайцам нейтралитета, который она объявила во время нашествия жителей Небесной империи на Европу, — в отместку Англии за Пальмерстона и его преемников, Франции — за Наполеонидов, Австрии — за ее вечные измены и предательства и Германии — за Бисмарка, «прижимавшего славян к стене...» «Досталось всем сестрам по серьгам!» — радостно подумал Порошин, читая эти откровения прошлого...

Богдыхан, за дружбу к России, дав средство славянам окончательно изгнать турок в Азию («Вон до какого времени была эта возня!» — подумал Порошин) и образовать на Балканском полуострове отдельную славяно-греческую дунайскую империю, дружественную России, не мешал и русским исполнить их последний, главный долг... Русские, как гласил календарь, благодаря железной дороге, устроенной от Урала до Хивы и нового передового поста китайцев на западе до Афганистана, разбили англичан в Пешаваре, выгнали их из Восточной Индии и устроили третью российскую столицу в Калькутте. Милости богдыхана к завоеванной Европе были, впрочем, неизреченны. Обложив европейский, покоренный его войсками, материк тяжкою ежегодною данью — в миллиард франков — и обязанностью обрабатывать на своих фабриках исключительно китайское сырье, богдыхан упразднил все непроизводительные европейские армии и флоты («Вон когда лига мира дождалась исполнения своей грезы об общем разоружении!» — не утерпел подумать Порошин). Заменив эти постоянные войска сухопутною и морскою гражданскою «китайскою жандармерией», китайцы окружили главные столицы и города упраздненных европейских государств новыми китайскими крепостными стенами, снабдив их своими гарнизонами и своими пушками, но за то они предоставили каждому из «Соединенных Штатов Европы» устраиваться, по былой американской системе, на свой особый лад, без права носить и иметь какое бы то ни было оружие. Даже ножи и вилки исчезли из употребления; все в Европе с тех пор ели, как в Китае, только ложками и палочками.

Германия при этом с удовольствием сохранила свой «юнкерский ландтаг», Италия — «папство», Англия — «палату лордов» и «майорат», Франция — сперва «коммуну», а потом «умеренную республику», президентами которой, с 1935 по 1968 год, были деятели с разными громкими именами, между которыми Порошин насчитал пять Гамбетт и двенадцать Ротшильдов. По прекращении «династии Гамбеттидов» (так и выразился календарь), Франция большей частью состояла под местным верховным владычеством президентов-евреев из банкирского дома Ротшильдов. Перенесясь в 1968 год, Порошин, следовательно, застал французов под управлением Ротшильда XII. Евреи-адмиралы в это время командовали французским флотом в океанах, евреи-фельдмаршалы охраняли, во имя китайского повелителя, французские границы, и евреи-министры, с президентом в пейсах и ермолке, встречали правящего Европой Богдыхана, Ца-о-дзы, при недавнем триумфальном посещении последним Парижа, отчего и до сих пор, вторую неделю, парижские улицы и дома были увешаны флагами.

Французская республика, с поры окончательной победы жителей Небесной империи, мирно и дружно ужилась с китайским богдыханством. Прежде у французов империя чередовалась с республикой. Теперь у них разом и рядом, к общему удовольствию, были и та и другая.

«Вот почему на монетах, данных мне армянином, — догадался Порошин, — с одной стороны вычеканены «Liberté, égalité, fraternité» — и надпись «Французская Республика», а с другой стороны — внушительная китайская бамбуковая палка».

Вышел Порошин из книжной лавки при вечернем освещении. Улицы и площади Парижа горели яркими, как дневной свет, электрическими солнцами. Проголодавшись, он зашел в громадный ресторан с надписью «Столица мира — Пекин», где вся прислуга была одета китайцами. Он потребовал себе модных блюд; ему подали жареного фазана и рисовой каши, которые он торопился есть, чтобы не опоздать в театр. Но он заметил, что другие посетители «Пекина», между едой, брали со стола какие-то трубочки и подносили их к ушам. Он осведомился у гарсона, — что это? Ему ответили: «Телефон».

— Да в чем же дело, не понимаю? (Тогда, в 1868 году, еще не

знали этого изобретения.) Ему объяснили, что каждая из трубочек, лежащих на столе, была соединена проволокой с различными театрами, — оперой, водевилем, концертною залой, — и что за небольшую, особую плату посетитель может, кушая, в то же время следить за любой парижской и даже более отдаленной сценой.

Порошин поднес к уху первую попавшуюся трубочку: ему послышались аплодисменты, которыми публика встречала какую-то актрису в «Comedie Francaise». Он поднес к уху другую трубочку: стали слышны заключительные, нежные рулады концертной арии, исполнявшейся в ту минуту в опере знаменитым кантонским певцом. Уходя из кафе, Порошин поднес к уху третью из трубочек: ему послышалась речь, в какой-то аудитории, о превосходстве реального элемента в искусстве, а именно — об окончательной замене фотографией всех родов живописи.

Так проспал Порошин в Париже, или, как ему несомненно казалось, прожил семь условленных, веселых и беззаботных дней будущего тысяча девятьсот шестьдесят восьмого года.

Денег, взятых Порошиным у армянина из XIX века, оказалось вдоволь, потому что все, и в тогдашнем Париже, было сравнительно дешево.

Он посещал всевозможные, особенно модные увеселения. Все стремились в громадный железный и каменный, на манер древнеримского, Колизей. В моде были звериные травли, бой быков, борьба низших человеческих рас с тиграми и львами, конские скачки с невероятными препятствиями — через пороховые погреба с зажженными факелами, через динамитные батареи — и единоборство петухов и крыс. Все это производилось в названном Колизее. Роль древних гладиаторов-рабов исполняли в борьбе с дикими, пускаемыми на арену зверями нарочно для этой цели привозимые из внутренней Африки жители озера Нианзе и Танганьики. Когда на арене Колизее лилась звериная или людская кровь, парижские дамы пили шампанское и бросали из лож победителям роскошные букеты, которые во время оно бросались Патти и Дженни Линд.

Порошин от Колизея переходил к бесчисленным кафешантанам, от последних к пирушкам с молодыми людьми, между которыми приобрел много знакомых. Удивляясь, что он стал способен к этого рода забавам, он нередко входил в споры с простодушными, всем и всегда довольными французами. Узнав, что Порошин русский, парижане были с ним особенно любезны. Он не стеснялся в беседах с ними.

— Да полно, какая же у вас республика, когда вы покорены китайским Богдыханом и, в его декретах, именуетесь его рабами? Где же ваша свобода? спрашивал Порошин парижан.

— О, les chinois… ce sont nos meilleurs et bon amis…

— Но какие же вам они друзья, когда вы с прочею Европой им платите такую страшную дань и их знамя веет над стенами некогда славного Парижа?

— Зато мы избавились от царства адвокатов… Нет более адвокатов, говорили ликующие парижане. — Есть только прокуроры и милующий Богдыхан…

Порошин узнал, что правосудие в XX веке очень упростилось. Давно замечая, что спиртные напитки и отчасти хлороформ развязывают язык, тогдашние ученые стали делать остроумные опыты и изобрели особую жидкость, из которой добыли газ, названный спирто-хлороформом или алколо-хлоралом. Напуская этот газ в особую комнату, прокуроры силой вводили туда подозреваемых и подсудимых, и последние, надышавшись предательским испарением, теряли главное из чувств силу воли, после чего прямо диктовали стенографам все, что делали и говорили, все, что у них было в сокровенных помышлениях. С тех пор упразднились полицейские дознания, предварительные и судебные следствия, очные ставки, перекрестные допросы, доносы и отделения явных и тайных сыщиков.

— Потом, извините, вы всегда кичились свободой и мягкостью ваших нравов, допытывал французов Порошин. — А у вас вон и теперь существует казнь…

— Нельзя! — отвечали находчивые парижане. — Каждый народ имеет право принимать меры в ограждение своей безопасности от преступников и злодеев!

— Но еще нелепость… Вы кичитесь республикой, равенством, свободой, а у вас, кроме китайского, общего всем вам гнета, есть еще местный, частный гнет… еврейский! Кроме многих прежних династий, вы проходите наконец через династию израильских президентов своей республики, Ротшильдов… Извините, но это — позор! Евреи восседают у вас на троне Генриха IV и Людовика XIV, банкиры, биржевики красуются в креслах Робеспьера и Мирабо… Этого не представляла история даже таких торгашей, как англичане; у них тоже были и есть свои Ротшильды, но те у них не шли и не идут дальше банкирских контор и несгораемых сундуков…

— Это мы сделали поневоле.

— Как поневоле?

— Евреи с началом нынешнего, XX века, через свои банкирские конторы, завладели всею металлическою монетою в мире, всем золотом и серебром. Производя давление на бирже, они получили неотразимое влияние и на выборные классы великой, но завоеванной китайцами Франции. Зато при первом же президенте из дома Ротшильдов у нас оказался финансовый рай: полное равновесие прихода с расходом в бюджете, устройство всех общественных отправлений на акционерный лад и окончательное введение удобных бумажных денег, вместо металлических…

— Но вы говорите, что Ротшильды взяли верх через захват в свои руки всех металлов в мире?

— Да, золото всего мира перешло к ним, они им и доныне владеют, а нам за него предоставили, в виде векселей на себя, очень красиво отпечатанные ассигнации. Это значительно удобнее, их легко носить в кармане. Золото любят у нас носить одни, как вы, иностранцы.

— Вы упомянули также об устройстве всех общественных нужд на акционерный лад.

— Точно так.

— Как это случилось?

— За примером не далеко ходить. Со вступлением в управление Ротшильдов исчезли окончательно в домах лампы, печи и графины.

— Не понимаю, как это? — спросил Порошин. — Разве изменился климат, пропала зима, солнце не заходит с той поры и люди не нуждаются в питье?

— Вы недостаточно поняли меня, — ответил француз, с улыбкой вглядываясь в Порошина. — Я говорю только, что печи, графины и лампы окончательно исчезли, с мудрым президентством

Ротшильдов, не только у нас, но, полагаю, и в других цивилизованных городах. А что эти редкости доброй старины действительно исчезли, это вам, вероятно, известно… и вы их теперь увидите разве только в музеях диковинок прошлых времен…

Порошин боялся далее об этом расспрашивать, чтоб не возбудить подозрения на свой счет. Он вскоре лично убедился, что каждый дом и каждая комната в новом Париже получали тепло, свет и воду из общего резервуара этих материалов, устроенного в нескольких километрах за городской стеной.

Он взял духовой фиакр, нарочно съездил и осмотрел это замечательное, монументальное здание, доставлявшее особыми проводниками для парижан электрический свет — в их здания и уличные фонари, воду — в кухни, бани, умывальные столы и прямо в прицепленные к столам на гуттаперчевых трубочках стаканы и другие сосуды, и тепло — в каждый дом, в каждый обитаемый уголок. Все ограничивалось кранами: повернешь один — в комнате засветит яркая электрическая луна, повернешь другой — наливается сквозь мягкую трубочку в сосуды вода, повернешь третий — в холодной комнате становится, по желанию, тепло и даже жарко.

Проводники этих снадобий управлялись особыми регуляторами, экранами, градусниками и другими измерителями для расчета с акционерным обществом их поставщиков. Это любопытное «центральное водо-, тепло- и светохранилище» Порошину показывал бойкий и говорливый привратник — «портье», хотя француз, но с итальянским профилем лица, одетый в цветное китайское полукафтанье и с длинною, щегольски заплетенною, до пят, косой, по фамилии Бонапарт.

— Вы носите громкую фамилию? — спросил, смутившись, Порошин. — Не происходите ли от былых во власти Наполеонидов? Их династия когда-то здесь правила…

— О, мосье! Вы правы! — грустно ответил, покуривая особую сигаретку с примесью опиума, портье. — Мало ли что было в старину? Нам, скромным и верным слугам Богдыхана, нет дела до прошлого этой счастливой страны… Вы, как иностранец, встретите и гарсонов в отелях из этой же, ныне обедневшей фамилии, и ветошников, и продавцов каштанов и газет. Это все мои дяди и кузены… Благодаря многоженству много у каждого из нас, бедных провинциалов, родных.

— Какому многоженству? Разве во Франции мормонизм?

— Не знаю, мосье, что вы хотите сказать этим мудреным и мне непонятным словом. Только многоженство даровано Франции в правление предпоследнего из мудрых Ротшильдов, ныне правящих нами во имя пресветлого Богдыхана, даровано в награду за допущение этой гениальной банкирской расы ко всем тайнам нашей государственной казны.

— Но почему же Ротшильды вас наделили именно этой наградой?

— А как же? — ответил с чопорностью ученого знатока самодовольный портье Бонапарт. — У Авраама и прочих праотцев было по нескольку жен. Ну, а введя иудейское исповедание в счастливой, процветающей Франции, наши новые правители рекомендовали и этот обычай.

— Так и еврейская вера введена у вас?

— Если хотите, у нас нет теперь уж никакой веры, — спокойно улыбнулся привратник. — Китайцы на этот счет особенно покладливы и дали нам полную свободу. Проповеди у нас заменены поучительными воскресными фельетонами министерских газет, а большинство обрядов — нотариальными актами. Прибавилось только нотариусов и их писцов.

— Брак, однако же, очевидно сохранился, если у вас введено многоженство? — спросил Порошин. — Какой, скажите, у вас брак, гражданский или тоже… китайский, то есть никакой?.. И на какие сроки?

— Брак у нас действительно китайский, то есть примененный, в духе века, к формам юридического поддержания имущества, или найма прислуги, квартир, — на год, на месяц и даже, для желающих, на более короткие сроки… О, мосье, китайцы — первые люди в мире.

…Порошин не заметил, как шли его минуты, часы и дни. Парижские новые нравы и особенно дамские наряды его повергали в изумление. Парижанки носили неимоверные костюмы или, скорее, ходили почти вовсе без костюмов. На улицах и в гостях Порошин на них видел еще некое подобие легких, широких, в китайском вкусе, бурнусов, сандалий и шляп. Дома же и на театральных сценах они, вместо одежд, как дикари, имели лишь красивые, убранные дорогими, искусственными каменьями пояса, да и на ногах, руках и шеях — золотые, серебряные и алюминиевые браслеты, кольца, запястья и ожерелья. Каждая только и делала — купалась, душилась, заплетала волосы, кушала, посещала театры, звериные травли и влюблялась…

Для Порошина, вообще сдержанного и неохотника до пустых развлечений и забав, начался ряд таких эксцентрических похождений, такой душевной и сердечной суеты, что он сам себе не верил, удивляясь, откуда у него берется такая пустота и такой задор.

Кутежи с уличными шалопаями, сидение по целым дням перед бычачьими и петушиными боями в Колизее, ужины с убранными в браслеты и кольца красавицами, посещение местных палат и скачек на искусственных, движимых сжатым воздухом лошадях и прочие развлечения до того замотали и вскружили голову Порошину, что он, и без того слабый здоровьем, окончательно выбился из сил.

Он особенно потом помнил свой последний день, проведенный в 1968 году.

В этот последний, роковой, седьмой день, в последние часы, минуты и секунды, перед условным досадным пробуждением, Порошин, — как он это ясно вспоминал впоследствии, — бешено и злобно хохоча в глаза какому-то французскому академику, раздражительно-едко повторял:

— Вы все изобрели и все выдумали! Надо вам отдать честь! Вы испытали и несете на себе иго евреев и китайцев, а летать по воздуху все-таки не сумели и не изобрели… Достигли этого все-таки русские, русские, русские!..

Озадаченный французский академик только на него поглядывал.

— Притом… что у вас за нравы, извините, и какой цинизм во всем. Хоть бы эти костюмы у ваших женщин… ха-ха! Одни кольца да запястья, как у дикарей…

— Но, позвольте, — вмешался француз, — вы хоть и русский, но разве и у вас не введены такие же моды? Париж и теперь по этой части законодатель. Откуда же вы, что этого не знали и этому удивляетесь?

— Я с Крайнего Севера, из Колы, — смешавшись, продолжал Порошин. — Да не в том дело, хоть бы и у нас вы ввели такую же распущенность! Далее… Вы вконец убили девственность и невинность невесты, — уничтожили святую роль матери. Все женщины у вас кокотки, да, кокотки! знаете это… древнее слово?

— Не слышал.

— У вас во всем невообразимый, разнузданный и дикий произвол страстей.

— Мы зато чужды предрассудков, — возразил с достоинством академик. — У нас везде поклонение природе, реальность.

— Это, пожалуй, забавно, но дико, дико до невозможности! — горячился и кричал на площади Трона Порошин, где происходил этот обмен его мыслей с ученым. — У вас полное падение искусств, поэзии, живописи, музыки! Ваша живопись заменена китайщиной, безжизненной, сухой, ремесленной, всюду лезущей и все поглощающей фотографией.

— Зато дешево, схоже, как дважды два, с природой и избавляет от пестроты красок.

— Нет, нет и нет! — кричал Порошин. — Фотография — сколок одного, мелкого и ничтожного момента природы; художественная живопись — могучее зеркало природы, в ее полном и идеальном объеме!.. Потом музыка, — Бог мой! — что у вас за музыка! Вагнеровщина, доведенная до абсурда…слышали про Вагнера?

— Это что за имя? в древности были Моцарт, Бетховен, Россини, — о Вагнере никто не знает…

— Был такой чудак, делавший с музыкой, как с кроликами, опыты сто лет назад. Вы, теперешние французы, развили его идеи и показали в точности, в какие трущобы нас вел этот и ему подобные борцы за музыку будущего… Мелодия у вас исчезла; ее больше нет и следа! Ни песни, ни былого, задушевного, чудного французского романса, ни единой сносной музыкальной картины… Волны бессмысленных тонов и звуков, без страсти и без выражения, — хаос!.. Наконец, иду далее… куда вы дели драму, высокую комедию?

— Это что такое? — удивился академик-француз.

— Вы заменили комедию и драму, — не стану вам объяснять их значения, если их забыли теперешние парижане! — с грустью сказал Порошин. — Вы заменили все это глупейшим, но реальным водевилем с провальями и переодеваньями, гнусным сумбуром цинических, будничных, уличных сцен, как заменили былую оперу шансонетными дивертисментами, да притом в такое время, когда и все-то ваши шансонетки сплошь лишены тени мелодии, живого, задушевного мотива, наравне со всею вашею музыкой…

— Мы, реалисты, вас, к сожалению, совершенно не понимаем! — отозвались на площади некоторые слушатели этого спора. — Вы, мосье, точно вышли из какого-то допотопного архива, точно явились с того света, из отдаленной прадедовской старины.

— Да, вы правы! Я жил и дышал иным веком, иною эпохой! Я вас не понимаю и от души сожалею! — произнес с новою запальчивостью Порошин. — Вы презираете все, что не ведет к практической, обыденной, низменной пользе! Вы пренебрегаете идеями великого философского цикла и дали развитие одному практическим, техническим, не идущим далее земли, наукам и ремеслам. Вы отдали луч солнца за кусок удобрения, песню вольного, поэтического соловья за мычание упитанной для убоя телушки, а Вольтера и Руссо, — вероятно, вы не забыли хоть имен этих светил вашей страны? — променяли на тупицу Либиха и другого тупицу, Вирхова. Надеюсь, этих-то ваших апостолов вы отлично знаете и помните доныне?

— Зато мы верны природе! — повторил академик-француз, закуривая у столика ресторана кальян с опиумом.

— Зато вас, свободных французов, поколотили и завоевали китайцы и поработили евреи, — с бешенством ответил Порошин…

ПРОКАЗЫ ДУХОВ

Это было лет 10 тому назад, — рассказывал штабс-капитан Заруцкий — я, в качестве юнкера, должен был держать экзамен на офицерский чин в тверском училище. Приехав в Тверь, я долго искал квартиру. Мне хотелось нанять одну-две комнаты от жильцов, с мебелью, чаем и со столом, чтоб иметь скромный свой угол, без толкотни и шума гостиницы.

Бродя по городу, я увидел в отдаленной, глухой улице небольшой деревянный двух-этажный домик с билетиками на окнах второго этажа и нанял здесь две комнаты, через сени от хозяев квартиры. Хозяева оказались добродушными старичками, мужем и женой. С первого же дня они окружили меня полным вниманием, заботливо содержали мои комнаты, одежду, белье, отлично кормили и вообще ухаживали за мной, как за родным. Возвращался я домой поздно, спал после учений и всяких служебных занятий, как убитый.

Встретя некоторых знакомых в Твери, я свободные вечера проводил у них.

— Где вы наняли квартиру? — спросила меня одна тверская дама на одном из таких вечеров.

Я назвал улицу, дом и квартирных хозяев, Губаревых.

— У Губаревых? — произнесла дама — и вы не боитесь?

— Чего же мне бояться? Люди отличные, смотрят, как за родным сыном, — ответил я.

— Помилуйте... да эта квартира по месяцам стоит незанята, все белеют в окнах билетики...

— Ну, и что же? не сходятся ценой, а я не торговался. Улица тихая, поросла даже травой; ни пеших, ни проезжих, — весь день занимайся, читай, пиши, — никто не помешает, не развлечет.

— Как не помешает? Да разве вы не знаете, — сказала с непритворным ужасом дама: — в этом доме и именно в верхнем его этаже давно поселилось привидение, не дающее покоя его жильцам. Оно ходит по ночам без умолку по комнатам, двигает мебелью, выпивает воду, перекладывает с места на место разные предметы...

— Ну, крепко же я спал все эти ночи, что не заметил этого, — сказал я с улыбкой.

— Уверяю вас... клянусь, в городе все это знают и избегают губаревской квартиры...

— Деревянный дом, — спросил я: — желтый, с мезонином? Может быть не та улица, не тот дом?

— Именно Губаревых... Одни мои знакомые, напуганные, взволнованные, едва убрались.

— Со мной шашка и револьвер, — произнес я — бояться нечего... Я постараюсь поладить с этим привидением.

Разговор с тверской дамой, однако, произвел на меня впечатление. — «Вот провинция! — думал я — непременно что-нибудь сочинит, наплетет, раздует в гору и сама потом волнуется собственными страхами! И откуда это взялось? Любопытно все-таки...»

Привидение не выходило у меня из головы. Я не совсем спокойно пришел с вечера, где это слышал, домой; втащился по скрипучей лестнице, позвонил. Хозяйка подала мне свечу, проводила в мои комнаты, осмотрела постель, поставила свежей воды в графине, спичек на столик у изголовья и, пожелав мне, как всегда, спокойной ночи, ушла, забрав для чистки мое платье и сапоги.

Я прошел в туфлях в сени, запер дверь на ключ, разделся и лег, осмотрев предварительно все закоулки в обеих моих комнатах, заглянул под мебель, за печку, в шкаф и комод и даже за оконные занавески.

В то время печатался любопытный переводный английский роман в «Русском Вестнике», мною начатый давно. Я взял книгу «Русского Вестника», прочел пять-шесть страниц и, чувствуя дремоту, усталый от дневных занятий, крепко уснул, отложив разогнутую книгу на столик у кровати. Помню, что, засыпая, я все думал: «Эка, наплели! и откуда взяться здесь привидению, призракам? В этаком домишке, и притом в Твери! Добро бы где-нибудь в Шотландии, в замке каком-нибудь, или в Швейцарских мрачных горах... а то на антресолях, у Губаревых... в улице, где выросла трава, пасутся козы и не видать по дням человеческого лица»...

И вдруг — слышу шелест, явственный шелест, у изголовья.

Я проснулся, сталь прислушиваться. В полной тишине, впотьмах, слышу, точно кто-либо шарит по столу, переворачивает листы разогнутой книги журнала.

«Мыши!» — подумал я сперва, вспоминая, как стоял до моего прихода круглый, на одной ножке, столик и как я его взял от стены и поставил у изголовья. — «Нет! — сказал я себе, размыслив немного — мыши не могли взобраться на стол по гладкой ножке, да еще потом взлезть из-под круглой доски наверх. А столик стоял, не касаясь ни ближней мебели, ни моей постели»...

Подождав несколько минут, я опять услышал ясно-различаемый шелест переворачивания листов книги, лежавшей на столе.

«Надо изловить, поймать», — подумал я, изловчаясь тихо встать и зажечь спичку.

Приподнявшись на локте, я медленно нащупал на столе спичечницу, взял ее в руки и приготовился черкнуть спичку о края спичечницы. В эту минуту изумленный, потрясенный необычайным явлением мой слух явственно различал, как невидимая чья-то рука мерно переворачивала лист за листом в спокойно-лежавшей книге.

«Да! это не мыши, не шутка чья-либо, — подумал я, прислушиваясь к шороху на столе и готовясь увидеть, откуда и кто протянул руку в запертую комнату и трогал ею книгу — любопытно увидеть эту бледную руку бледного призрака»...

Я нажал спичку, черкнул ею. Спичка вспыхнула, ярко осветив стол, мою подушку и меня, — сидевшего в одном белье на постели.

Никого в комнате не было, и ничья рука не касалась книги. А между тем, — я это ясно видел и помню все до мелочей, — в то мгновение, когда спичка вспыхнула, тронутый чьею-то незримою рукой, лист перевертывался на моих глазах с одной половины разогнутой книги на другую.

Спичка погасла. Я зажег свечу, обошел с нею опять обе комнаты, отомкнул дверь в сени, заглянул и туда, смотрел снова за печь, в шкаф и комод, под мебель и за занавески, — никого в комнатах не было, и везде была полная тишина.

Лег я опять и некоторое время не тушил свечи, курил для развлечения себя, осматривал книгу, столик; наконец, еще далее отставил последний от кровати, снял с него все, кроме книги, разогнутой, как прежде, пополам, и стал следить. Листы, пока горела свеча, не перевертывались. Заметив последнюю открытую страницу книги, я задул свечу, укутал голову в одеело и старался заснуть. Прошло с полчаса, я заснул. Сплю и думаю: «Ну, это мне все казалось; вероятно, течение воздуха, — упругие, разогнутые листы книги сами собой поднимались и с шелестом ложились на другую сторону книги…»

Меня вдруг опять, как варом обдало. Я был разбужен явственным шелестом быстро и будто нетерпеливо перебираемых листов. И в то же время мне почудилось, что в другом углу комнаты, на этажерке, кто-то тронул графин и, будто наливая из него воду, зазвенел им о стакан…

«Не доставало еще этой чертовщины!» — мыслил я с досадой, стараясь ничего не слышать и ни на что не обращать внимания: — «не встану, буду терпеть, буду спать».

Сон охватил меня, под новый шелест листов и новое постукиванье графина о стакан, из которого, очевидно, пили.

Утром я проснулся с первым солнечным лучом. Очнувшись и собравшись с мыслями, я прежде всего бросился к книге, — посмотрел число, выставленное на верхней замеченной мною странице. Вместо цифры, как теперь помню, 177-й, на верху книги была 219-я страница; невидимая рука перевернула, пока я спал, — ровно сорок две страницы, то есть двадцать один лист… Двадцать один раз пальцы привидения прикасались к книге!

Но каково было мое вторичное изумление, когда я подошел к этажерке и взглянул на графин, с вечера наполненный и при мне поставленный хозяйкой: он был пуст… Призрак выпил его до дна…

— Да вы, может быть, не переменяли воду? — спросил я хозяйку, хватаясь за это предположение, как за якорь спасения.

— Именно, сударь, вы правы; извините, я забыла переменить… Вода у нас, впрочем, хорошая; вы, вероятно, сами изволили ее выпить… жажда-с…

Я остолбенел.

— Вот и судите… заключил Заруцкий — как это объяснить? Отлично помню, что хозяйка переменяла воду и что я ночью не прикасался к графину. Кто же трогал книгу и выпил воду?

ПРИЗРАКИ

В начале шестидесятых годов, — сказала одна из наших собеседниц: — в Петербурге умерла старушка, моя родственница, тяжело хворавшая уже несколько времени. Сестра моей родственницы, жившая на другом конце города и уже дня два не видавшая ее, вспомнила о ней в ту минуту, когда ложилась спать. Решив на утро навестить больную сестру, она потушила свечу и уж начала засыпать.

Вдруг видит, при свете теплившейся лампады, что из-за ширмы, стоявшей перед ее кроватью, выглядывает голова ее сестры.

Эту голову, это лицо сестры моя родственница видела совершенно отчетливо и тотчас ее окликнула, удивляясь ее столь позднему, при нездоровьи, посещению.

Ответа, однако, не последовало, и голова, высунувшись из-за ширмы, через несколько секунд исчезла…

Полагая, что такой поздний и поспешный заезд вызван каким-нибудь чрезвычайным происшествием в семье больной сестры, моя родственница вскочила с постели, вышла за ширму, но ни там, ни в других комнатах никого не было…

Дама, о которой я говорю, была женщина очень образованная, вовсе не суеверная и отличалась скорее недостатком, чем избытком впечатлительности и воображения.

После первого впечатления от таинственного заезда больной сестры, она старалась себе объяснить этот случай сном, предполагая, что сестра ей пригрезилась, под влиянием беспокойной, предсонной думы о ней.

Она не разбудила никого, снова легла в постель и спокойно проспала остальную часть ночи.

Но каково же было ее удивление, когда рано утром ее разбудили роковым известием, что ее сестра умерла в ту ночь и, как оказалось, в тот самый час, когда она видела ее лицо, выглянувшее из-за ширмы!..

— Другой случай был в Тифлисе и с вашею покорною слугой. Я тогда была девочкой лет шести-семи. Приехала я в Тифлис с матерью, старшею сестрой, слугою и горничной. Мы остановились во втором этаже тамошней известной гостиницы; отвели нам несколько комнат с балконом на улицу. В первую же ночь, проведенную нами на кое-как устроенных постелях, среди раскрытых чемоданов и сундуков, случилось событие, сильно напугавшее меня.

Я спала на одной кровати с сестрой, девушкой лет семнадцати. Помню, что меня разбудил сдержанный, но тревожный разговор горничной с сестрой.

— Ах, барышня, не могу глаз сомкнуть, — говорила горничная — на балконе ходит что-то страшное, рогатое... Еще с вечера нижние жильцы уверяли, что оно ночью непременно заглядывает в окно...

— Да где-ж оно, где? — шептала в ужасе сестра.

— Постойте, слышите? топчется по балкону ногами... слышите? вот опять шаги, подходит..

— Да откуда же подходит? балкон высоко над землей.

— Ай! — вскрикнула моя сестра, упав на подушку: — рога, рога...

Как я ни была мала и труслива, я подняла голову из-за дрожавшей сестры, взглянула и обмерла: с надворья, в бледных сумерках, ясно обозначилось нечто космтое, с рогами, приникшее к окну и будто смотревшее, что делается в комнате. Я также упала носом в подушку и ну — плакать.

Проснулась матушка, разбудили лакея. Едва нашли ключ, отдали его лакею и тот из соседней комнаты, имевшей также выход на балкон, отпер стеклянную дверь, вышел наружу, осмотрел балкон: там ничего не было.

Но мы, т.-е. я с сестрой и горничная, отлично видели привидение — космтое, страшное и с рогами.

Ночь провели без сна. Наутро давай соображать, что бы это было? Слуга ходил к хозяевам, к нижним жильцам, которые перед нами стояли наверху, в наших комнатах, и перешли вниз, из-за того же привидения. Он расспрашивал их, но ничего не добился. Хозяева уверяли, что это пустяки, что нам так показалось. Других свободных комнат не было, и мы поневоле остались в тех же, но приняли меры осторожности. Ключ от балконной двери матушка положила себе под подушку, чтоб иметь его всегда наготове. Осмотрели тщательно балкон, висевший над улицей, — оказалось, что к нему даже не подходила водосточная труба, — осмотрели все смежные двери, окна, комнаты, и легли спать.

Слуга заперся от корридора гостиницы, мы заперлись от комнаты, где спал слуга. Горничная взлезла на высокую лежанку, за печью, обставилась еще стульями. Поговорив немного, мы погасили свечи и уснули…

И опять слышим топот. Я очнулась первая, взглянула в направлении окон и взвизгнула не своим голосом. Все вскочили, дрожим от ужаса: по балкону снова ходит чудище; длинные, как на рисунках о страшном суде, загнутые над мохнатым лбом, бесовские рога шевелятся за окном, и два глаза пристально смотрят сквозь стекло в комнату.

Слуга также проснулся.

— Барыня, ключ, скорее ключ! — шептал он за дверью.

Мы подали ему ключ.

Он изловчился, быстро отпер дверь, — с балкона на крышу дома, бывшую над ним невысоко, спрыгнуло что-то мохнатое, легкое, как ветер…

Утром слуга добился, в чем дело.

Оказалось, что этот страшный тифлисский призрак был козел; он являлся с соседнего двора, сеновал которого был на склоне горы, как раз в уровень с крышей гостиницы. Покушав сена, козел имел обычай вскакивать в слуховое окно сеновала и странствовать по окрестным крышам, крыльцам и балконам. Перед тем в наших комнатах, — до нас и нижних жильцов, — долго жил какой-то одинокий постоялец. Он имел обычай пить по ночам чай у окна и, заметив спрыгнувшего с крыши на балкон козла, давал ему сухарей и молока. Козел привык к нему и каждую ночь получал свою порцию. А когда этот жилец уехал, козел, продолжая свои посещения, сперва напугал и заставил втихомолку спуститься вниз жильцов, занимавших наши комнаты, а потом напугал и нас…

38

***

В Николаеве стояли в небольшом, одноэтажном домике, два офицера. Сидели они вечером, однажды, у окна. Была зима. Светил полный месяц. Беседа приятелей смолкла, они задумались, куря папиросы. Вдруг слышат, с надворья кто-то стукнул в наружную раму... раз, другой и третий. Переглянулись они, ждут. Минуты три спустя, опять незримая рука постучала в окно. Один из них выбежал на крыльцо, обошел угол дома, — никого нет.

Дом был на краю города и выходил на обширный, ярко-освещенный луною пустырь. Потолковали приятели и решили, что это им так показалось, или что дрожало от движения воздуха стекло старой двойной рамы, — хотя ночь была тихая, без малейшего ветра. На вторую ночь повторилась та же история, на третью снова. Это вывело офицеров из терпения. Осмотрев днем окрестные дворы, овраги и площадь, они решились выследить, что это за чудо? — Ночью один сел с папироскою у окна, другой, одевшись в шубу, спрятался в тени у соседнего забора. Долго ли сидел он — последний не помнил, — только опять раздался стук, явственное дребезжание наружной оконной рамы. Сторонивший под забором офицер бросился к дому, — из-под оконного притолка выскочила какая-то тень... Ночь на этот раз была несколько мглистая; месяц то и дело прятался в налетавшие облака. Тень кинулась бежать по площади; офицер за нею, — далее, далее, — вот-вот настигает. Добежали они до какого-то оврага. У оврага — стоит запряженный в сани конь. Тень бросилась в сани, офицер ее за полу и тоже в сани. Лошадь помчалась. — Зачем ты нас пугал? — спрашивает офицер. — Тень молчит. — Говори, говори! — пристал офицер, теребя незнакомого и стараясь вырвать у него вожжи... Но сани нечаянно, или благодаря вознице, раскатились, и офицер вывалился, среди пустынного, занесенного снегом взгорья. Он едва нашел дорогу и возвратился домой к утру, с трудом выбравшись из оврагов, куда его завезла незнакомая, ускользнувшая от него тень.

39

ТАИНСТВЕННАЯ СВЕЧА

Некто Кириллов, будучи командирован в приволжские губернии, ехал туда с своим секретарем. Надо было свернуть с большого почтового тракта на проселок. Кириллов ехал в собственной коляске, по фельдъегерской подорожной и открытому листу. Дело было спешное и не терпящее отлагательств. Проселочный путь оказался очень удобным. Погода была перед тем сухая. Стоял превосходный, весь в зелени и цветах, оглашаемый птичьими свистами, май. Но едва странники проехали верст полтораста, меняя в волостях обывательских лошадей, небо заволокло тучами, стало пасмурно, и пошел теплый тихий дождь. Дорога мигом испортилась. До места назначения, небольшого уездного города, оставалось два-три перегона. В предпоследней волости дали Кириллову лошадей нехотя, уговаривая его переждать, пока просохнет. Он на это не мог согласиться. Лошади пристали. Едва сделав с обеда до вечера верст десять-пятнадцать, коляска насилу втащилась в какую-то разбросанную, заросшую садами, деревню и остановилась в околице: ни взад, ни вперед.

— Переночевали бы, ваше превосходительство, — сказал обывательский ямщик: — до Терновки еще семь верст, а лошади не довезут.

— Какая это деревня?

— Дубки.

— Государственных крестьян?

— Вольная.

— Расправа есть?

— Есть-то есть, да нету-ти лошадей. Тутошние все гоняют на ночь в луга. А пока за ними сходят, настанет и ночь. Эвоси, и солнышко заходит.

— Где же тут перебыть?

— В постоялом разве… да нет, барин, там кабак, — уж не знаю, куда вас и вести. Мужики все в отхожих работах, остались почитай одне бабы.

— Да вон же у вас церковь, — отозвался секретарь: — значит, есть священник.

— Есть, — ответил ямщик.

— Ну, вези к батюшке.

Подъехали к дому священника, на обширной, поросшей травою площади. Священник оказался вдовцом, лет пятидесяти, очень серьезным, благообразным и радушным человеком.

Узнав, что гость его важный в столичной иерархии чиновник, он удвоил к нему внимание, предложил странникам чаю, ужин и собственную опочивальню.

Кириллов с секретарем напились чаю и закусили на воздухе, на крыльце попова домика, выходившего окнами против церкви. Дождь перестал, и хотя небо еще было заволочено тучками, или скорее туманом, на дворе было тепло и так тихо, что слышался говор отдаленных переулков, где засыпала, с быстронаставшими сумерками, наморившаяся за день деревня. Гости и хозяин засиделись долго у столика, накрытого белой скатертью и уставленного скромным угощением сельского священника.

— Что у вас такая маленькая церковь? — спросил Кириллов — точно вросла в землю и даже будто покачнулась.

— Древний храм, очень древний, — отвечал священник — еще при моем прадеде лажена, а при деде достроена… Мхом поросла, и колокольня точно как бы наклонилась маленько, но еще держится.

— Что же, мало средств, нечем обновить?

— Народ здесь смирный, свободный, как воздух, — ну, и не тем занят. А церковь древняя и строили ее древние, благочестивые люди…

Поговорили еще гости, поблагодарили хозяина за хлеб-соль и, распорядясь насчет дальнейшего с утром пути, ушли спать. Комната, где им предложили ночлег, выходила окнами на площадь. Священник лег в чистой приемной, смежной с этой комнатой.

Боясь простудиться, Кириллов лег, не открыв окна, и потому от духоты долго не мог заснуть.

Постель священника, на которой он расположился спать, была у стены против окон; секретарь лег на диванчик у двери. Свечу погасили и смолкли. Затих по соседству и священник. На дворе еще более стемнело.

Так лежал, ворочаясь и думая о разных разностях, Кириллов час или более того. Обернувшись на постели к окну, он стал всматриваться в очерк церкви, неясно рисовавшейся в сумерках.

Ему показалось, что церковь слабо освещена…

«Вероятно, небо окончательно очистилось, и взошел месяц за нашим домом, — подумал Кириллов — лунные лучи и отражаются в церковных окнахъ».

Кириллов приподнялся на постели, вгляделся пристальнее. «Нет, это не лунные лучи! — сказал он себе: — все окна подряд, но освещены только три левые, в главной части церкви, а правые, в приделе, под колокольней, темны, — значить, церковь освещена изнутри».

Чем более всматривался Кириллов, тем явственнее стал различать красноватый, мерцающий блеск, отличный от бледных лунных лучей.

«Свеча! — подумал он — в церкви зажжена свеча! Либо там воры, либо покойник… Но какая неосторожность — ставить на ночь у гроба, в такой ветхой церкви, свечу!»

— Батюшка, а батюшка! — сказал Кириллов, помнивший, что священник шевелился в соседней комнате, несколько минут назад. Оклик пришлось повторить.

— А? Что прикажете? — отозвался из-за двери проснувшийся хозяин.

— У вас, батюшка, светится в церкви.

— Извините, там темно, и ключи у меня.

— Да отчего же светится? Не забыли-ль погасить какую свечку у образов? Была сегодня вечерня?

— Не было.

— Так не стоит ли там покойник? — спросил Кириллов.

Священник повозился по полу ногами, очевидно, отыскивая башмаки. Через минуту он появился, в халате, на пороге.

— Где светится? — спросил он, глядя в окно — вот странно, в церкви действительно покойник… его вынесли за час до вашего к нам прибытия… но только никто у образов, а тем паче у гроба, не зажигал свечи.

— Угодно-ли, пойдем, стоит посмотреть, — сказал Кириллов, любопытствуя узнать, что это за странность.

Священник нехотя достал из-под подушки ключи. Разбудили секретаря. Тот, узнавши, в чем дело, в особенности засуетился. «Чудеса, чудеса!» — шептал он: — «покойник… и светится».

Гости и священник вышли на площадь. Три окна, явственно и без всякого сомнения были изнутри слабо освещены. Но едва любопытствующие стали подходить к церкви, свет внезапно погас.

— Нам это показалось, — заметил священник: — никакого огня в церкви быть не может. Даром только, сударь, потревожились... помилуйте, у нас очень строго насчет огня.

Кириллов уж повернул к дому. Ему хотелось спать.

— Нет, ваше превосходительство, — засуетился секретарь: — так этого оставлять бы не следовало... осмотрим церковь...

Делать нечего. Священник, гремя ключами, отпер церковную дверь. У секретаря нашлись спички. Зажгли стоявший в приделе, у порога, фонарь и вошли в храм.

Церковь, как все сельские церкви: чистая, уютная. Пахнет ладаном. Посредине, перед алтарем, стоял гроб с покойником, каким-то молодым, суровым и красивым работником. Непокрытое лицо глядело спокойно, точно умерший заснул.

— Горячка-с... — вскользь сказал священник, идя к алтарю.

Кириллов и секретарь с ним осмотрели алтарь, шкаф с ризами, поднимали покров алтаря, покров, накинутый на гроб, все углы главного и входного церковных отделений и даже приподнимали покров над небольшим аналоем, стоявшим у гроба.

Священник тем внимательнее осматривал церковь, что ему казалось всего правдоподобнее, как он потом говорил, искать, не притаился ли где вор.

Еще потолковали, еще осмотрели церковь, подняв выше фонарь, — возвратились и снова легли спать.

Решась более не думать о виденном свете. Кириллов обернулся к стене, но еще мельком взглянул с постели на церковь, и на этот раз ее окна были темны.

Прошло с час или более. Кириллов хорошо помнил, что он спал и, как ему казалось, спали и другие. «Этакая чепуха иной раз пойдет в голову, — думал Кириллов во сне: — да не одному, а всем троим; трое видели свет в запертой церкви и, не пойди туда, сами не осмотри, на всю жизнь осталась бы легенда о заколдованной свече»...

— «Ах, я простота! — вдруг пришло на мысль опять пробудившемуся Кириллову — ну, как я не догадался? да и

43

священник хорош! Объяснение прямое и весьма несложное… За церковью должен быть тот именно постоялый с кабаком, куда нам не советовали заезжать… Ну, очевидное дело: на постоялом еще не спят, окна его освещены и, просвечивая сквозь окна церкви, ввели нас в такое заблуждение»…

С этою мыслью Кириллов опять старался заснуть, соображая, как он утром пристыдит священника, забывшего о таком обстоятельстве.

В это время Кириллову показалось, что его секретарь почему-то не спит. Как уж ему это показалось, он впоследствии не мог и объяснить: сам он лежал лицом к стене, и в комнате была полная тишина.

Он снова медленно, задерживая дыхание, приподнялся на локте и тихо обернул голову в комнату…

Секретарь сидел в одном белье, спустив ноги на пол с дивана, и неподвижно, как бы в оцепенении, смотрел в окна на площадь. На дворе окончательно стемнело, и на этом черном, ночном фоне еще неуловимее и мрачнее рисовалась ветхая, вросшая в землю, церковь, с покачнувшеюся на бок сквозною деревянною колокольней.

Кириллова обдало, как варом. Волосы шевельнулись на его голове…

Три левых окна церкви были снова, и уж теперь явственнее, освещены изнутри…

— Что вы, Иван Семеныч? — спросил Кириллов секретаря: — не спите?

Тот, не находя слов на коснеющем от волнения языке, только показал рукой на церковь.

— Батюшка, а батюшка! — сказал Кириллов, ступя за порог комнаты, где спал священник — вставайте, в церкви опять огонь.

— Быть не может, что вы!

— Вставайте, глядите.

Все трое опять вышли на крыльцо. Церковь была видимо изнутри освещена.

— А постоялый? кабак по тот бок площади? — спросил Кириллов — это его окна просвечивают…

— Постоялый в другом конце села, а за церковью — общественный, всегда запертый, хлебный магазин.

44

— Кругом обойдем, кругом, ваше превосходительство, — проговорил, наконец, онемевший от волнения и страха секретарь.

Взяли фонарь и, его не зажигая, тихо, без малейшего шороха, обошли кругом церковь. Все здания на площади были темны; в окнах храма, при обходе священника и его гостей, ясно мерцал слабый, будто подвижный огонек, погасший мгновенно, едва они обошли церковь.

— Войдем, снова осмотрим, — прошептал уже не с прежней смелостью Кириллов — нельзя же так оставить... или это общая нам троим галлюцинация, или в церкви, действительно, то вспыхивая, то угасая, горит незамеченная нами, при первом осмотре, свеча... очевидно мешал ее разглядеть свет фонаря.

— Войдем без оного, — произнес робким, дрожавшим голосом секретарь.

— С нами крестная сила! — сказал священник, снова отмыкая дверь.

В церкви было темно. Ни одна свеча перед алтарем и в других ее частях не горела. Покойник лежал также неподвижно. Наверху только, на колокольне, чирикая, возились воробьи, да взлетывали галки и голуби, очевидно чуя близкий рассвет.

— Это там, это оттуда... белый голубь, может быть! — прошептал секретарь.

— Какой белый голубь? — спросил священник.

— Да тот, которого носят бесу на кладбище за неразменный рубль! Иной раз вырвется, бесы погонятся, — ни голубя, ни рубля...

— Стыдно, сударь, такое суеверство! — сказал священник, дрожащими руками зажигая в сенях фонарь: — извольте идти на колокольню... осмотрим, коли ваше желание, всех голубей, галочье и воробьев.

Кириллов предложил принять меры осторожности. Выходную дверь церкви заперли изнутри замком и пошли по витой, узкой внутренней лесенке на колокольню. Птицы, при блеске фонаря, шарахнулись и шумными стаями, цепляясь о звонкие края колоколов и о пыльные стены, стали вылетать с колокольной вышки.

— Ну, где же ваш белый голубь? — спросил священник, когда

осмотрели колокольню: — а теперь, для-ради достоверности, исследуем снова и церковь.

Опять с фонарем обошли алтарь, осмотрели шкаф и все углы, и поднимали покровы над алтарем и покойником. Нигде ничего, церковь пуста.

— А все сие от безверия, — начал священник — вот у вас белые голуби… а там может и еще какие праздные сплетения…

Он не договорил. Кириллову в эту минуту вздумалось приподнять покров над небольшим аналоем, стоявшим у гроба. Этот аналой они уж в первый приход осматривали.

Кириллов взялся за край покрова, приподнял его и окаменел. Секретарь вскрикнул. У священника из рук чуть не упал фонарь…

Что же они увидели?

Под покровом узкого, невысокого аналоя, съежившись, сидела худенькая, сморщенная, как гриб, седая, повязанная по лицу платком, старушонка…

— Ты здесь чего? — спросил, первый опомнившись, священник.

— Зуб, батюшка, зуб совсем одолел! — проговорила старушка, хватаясь за обвязанную щеку.

— Ну, так что же, что зуб?

— Люди это сказывали, научили, — отвечала, дрожа, старушонка — возьми клещи и выдерни у покойника тот самый зуб… и пройдет на веки веков…

— Так ты, Федосеевна, грабить покойника?

— Вот клещи и свечка, — ответила, падая в ноги священнику, Федосеевна — не погуби, батюшка, — совсем одолел зуб…

— Но где же ты была, как в первое время мы приходили?

— На колокольне пряталась. Не погуби, отец Савелий, нет житья от этого самого, то есть кутного зуба.

— Ну, и выдернула у покойника?

— Крепонек больно… дергала, дергала — а тут страх… а тут, Господи, какой страх! и руки дрожат…

ПРОГУЛКА ДОМОВОГО

Это было года два назад, в конце зимы, — сказал Кольчугин: — я нанял в Петербурге вечером извозчика от Пяти-углов на Васильевский остров. В пути я разговорился с возницей, в виду того, что его добрый, рослый, вороной конь, при въезде на Дворцовый мост, уперся и начал делать с санками круги.

— Что с ним? — спросил я извозчика — не перевернул бы саней…

— Не бойтесь, ваша милость, — ответил извозчик, беря коня под уздцы и бережно его вводя на мост.

— Испорчен видно?

— Да… нелегкая его возьми!

— Кто же испортил? видно мальчишки ваши ездили и не сберегли?

— Бес подшутил! — ответил не в шутку извозчик: — нечистая сила подшутила.

— Как бес? какая нечистая сила?

— Видите-ли, все норовит влево с моста, на аглицкую набережную.

— Ну? верно на квартиру?

— Бес испортил, было наваждение.

— Где?

— На аглицкой этой самой набережной.

Я стал расспрашивать, и извозчик, молодой парень, лет двадцати двух, русый, статный и толковый, передал мне следующее:

— Месяц тому назад, в конце масляной недели, я стоял с этим самым конем на набережной, у второго дома за сенатом. Там подъезд банка, коли изволите знать… Вот я стою, нет седоков; забился я в санки под полость и задремал. Было два или три часа по полуночи. Это я хорошо заметил, — слышно было, как на крепости били часы. Чувствую, кто-то толкает меня за плечо; высунул из-под полости голову, вижу: парадный подъезд банка отперт, на крыльце стоит высокий, в богатой шубе, теплой шапке и с красной ленточкой на шее, барин, из себя румяный и седой, а у санок — швейцар с фонарем. — Свободен? — спросил меня швейцар. —

Свободен, — ответил я. — Барин сел в сани и сказал — На Волково кладбище. — Привез я его к ограде кладбища; барин вынул бумажник, бросил мне без торгу на полость новую рублевую бумажку и прошел в калитку ограды. — Прикажете ждать? — спросил я. — Завтра о ту же пору и там же будь у сената. — Я уехал, а на следующую ночь опять стоял на набережной у подъезда банка. И опять, в два часа ночи, засветился подъезд, вышел барин, и швейцар, его подсадил в сани. — Куда? — спрашиваю. — Туда же, на Волково. — Привез я и опять получил рубль… И так-то я возил этого барина месяц. Присматривался, куда он уходит на кладбище, — ничего не разобрал… Как только подъедет, дежурный сторож снимет шапку, отворит ему калитку и пропустит; барин войдет за ограду, пройдет малость по дороге к церкви… и вдруг — нет его! точно провалится между могил, или в глазах так зарябит, будто станут запорошены.

— «Ну, да ладно! — думаю себе: — что бы он ни делал там, нам какое дело? Деньги платит». — Стал я хозяину давать полные выручки, три рубля не менее за день, а рубль-то прямо этот ночной пошел на свою прибыль. Хозяин мне справил новый полушубок, да и домой матери я переслал больше двадцати пяти целковых на хозяйство. И лошади по нутру пришлось: то, бывало, маешься по закоулкам, ловишь, манишь поздних седоков; а тут, как за полночь, прямо на эту самую набережную, к сенату; лошадь поест овсеца, отдохнет, — хлоп… и готов рубль — целковый! И прямо от Волкова, по близости, на фатеру в Ямскую…

Все бы шло хорошо; ни я барину ни словечка, ни он мне. Да подметили наши ребята, что хозяин уж больно мной доволен, — ну, приставать ко мне. — Федька с бабой важной сведался, она балует его, — стали толковать — угости, с тебя следует могарыч. — Отчего же? — говорю — пойдем в трактир. — Угостил ребят. Выпили с дюжину пива, развязались языки. Давай они допытывать, что и как. Я им и рассказал. А в трактире сидел барин «из стрюцких» — должно чиновник. Выслушал он мои слова и говорит:

— «Ты бы, извозчик, осторожнее; это ты возишь домового или просто сказать — беса… И ты его денег без креста теперь не бери; сперва перекрестись, а тогда и принимай». — Да как же узнать беса? — спрашиваю чиновника. — «А как будешь ехать против месяца, погляди, падает ли от того барина тень? — Если есть тень — человек, а без тени — бес...»

Смутил меня этот чиновник. Думаю: постой, сегодня же ночью все выведу на чистую воду. Стал я опять у банка. Вышел с подъезда барин, и я его повез, как всегда; в последнее время его уж и не спрашивал, — знал, куда везти...

Выехали мы от сената к синоду, оттуда стали пересекать площадь у Конногвардейского бульвара. С бульвара ярко светил месяц. Я и давай изловчаться, чтоб незаметно оглянуться влево, есть-ли от барина тень. И только что я думал оглянуться, он хвать меня за плечо... «Не хотел, говорит, по чести меня возить, больше возить не будешь; никогда не узнаешь, кто я такой...» Я так и обмер; думаю: ну, как он мог узнать мои мысли? — Я отвечаю: ваше благородие, не на вас... «На меня, говорит: только помни, никогда тебе меня не узнать».

Дрожал я всю дорогу до Волкова от этакого страха. Привез туда; барин опять бросил бумажку. — Прикажете завтра? — спрашиваю. — Не нужно, — ответил — больше меня вовеки не будешь возить...

Ушел он и исчез между могилами, как дым улетел куда-то.

Думаю: шутишь. Выехал я опять на следующую ночь на набережную, простоял до утра, — никто с подъезда не выходил. Вижу, дворники метут банковский тротуар; я к ним: — Кто, спрашиваю, тут живет? — Никого, отвечают, нету здесь, кроме швейцара; утром приходят господа на службу, а к обеду расходятся; квартир никому нет. — Что за наваждение? Выехал я на вторую ночь, опять никого. Заехал с Галерной к дворнику, спрашиваю, — тот то же самое, — видно, говорит, тебе приснилось. Дождавшись утра, вышел швейцар, — я его сейчас узнал; спрашиваю, — он даже осерчал, чуть не гонит в шею: я тебя, говорит, никогда и не видел, проваливай — какие тут жильцы! никто отсюда не выходил, и никого ты не возил, — все это тебе либо с дуру, либо со сна, а вернее с пьяна... Постоял я еще ночь, утром поехал на Волково, давай толковать с сторожами; там я приметил рыжего одного, в веснушках, — все отреклись, и рыжий: знать тебя не знаем, никого ты не привозил, и видим тебя впервые, — у нас строго заказано, никого в калитку по ночам на кладбище не пускаем... Так это и кончилось, с той поры я не езжу на аглицкую набережную, заработок этот прекратился, — одна беда — лошадь сноровилась и все ее тянет туда… Хозяин дуется, ребята прохода не дают; а что это за оказия была с банковским этим самым барином, ума не приложу…

— И это все правда?

— Сущая правда! вот вам святой крест! — заключил рассказчик.

***

Так рассказывал извозчик. Я — на всякий случай, рассчитываясь с ним, — заметил номер его бляхи и передал о его сообщении некоторым из знакомых, в том числе одному писателю, — собираясь еще раз отыскать этого извозчика и расспросить его подробнее, — между прочим съездить с ним на кладбище и расспросить тамошних сторожей. Меня, однако, предупредили. Один из репортеров рассказал часть этой истории в газетной заметке; а через неделю по ее появлении в печати, ко мне явился высший член сыскной полиции. Объяснив мне, что слух об извозчике, возившем «банковского беса», обратил на себя внимание полицейского начальства, это лицо просило меня дать средство полиции отыскать упомянутого извозчика. — Но кто же вам сообщил обо мне? — спросил я полицейского агента. — Тот улыбнулся — Позвольте нам быть на этот раз всезнающими. — Я сообщил агенту номер бляхи извозчика, с одним условием, чтоб мне дали возможность ознакомиться с окончательным разъяснением этого дела. Каково же было мое удивление, когда дня через три меня уведомили, что извозчик найден, но от всего отперся, уверяя, что газета, сообщившая вкратце его рассказ, все на него выдумала. Я поехал по письменному извещению к агенту, производившему это исследование. Был призван извозчик. Последний, разумеется, меня не узнал: он меня видел ночью, при том в шубе и шапке, а теперь я был в сюртуке. На новые расспросы полицейского агента при мне, извозчик повторял одно: знать ничего не знаю, ничего такого не говорил, все выдумано на меня…

Признаюсь, я пришел в немалое смущение. Бросалась тень на мое собственное сообщение приятелям. Мне пришло в голову попросить агента дать мне остаться с извозчиком наедине. Он согласился. Я прямо объявил извозчику, что я то лицо, которому он сообщил свой рассказ. Извозчик сильно смешался.

— И не стыдно тебе запираться, врать? — сказал я: — теперь и я, через тебя, выхожу лгуном.

Извозчик оглянулся по комнате, замигал глазами.

— Ваше благородие, — сказал он — да как же мне не отпираться? Меня как взяли, сейчас это на ночь в арестантскую, паспорт отобрали, выручку отобрали и еще побили…

— Кто побил?

— Анисимыч и Николай Федосеевич.

— Кто это?

— Вахтера в арестантской.

Меня возмутило это признание. Я позвал полицейского агента, сообщил ему жалобу извозчика и просил его при мне, немедленно, возвратить извозчику паспорт, выручку и уплатить его убытки за три дня ареста, прибавя что-либо и в вознаграждение за побои усердных вахтеров. Все это было исполнено. Извозчик упал агенту в ноги. — Все расскажу, как было, — объявил он и поведал слово в слово все, что передавал сперва мне о том, как он возил на Волково банковского беса…

По указаниям извозчика, было произведено дознание — как на подъезде банка, так и на Волковском кладбище. Швейцар банка и кладбищенские сторожа остались при прежнем отрицании всей этой истории. Так она и поныне ничем не разъяснена. Но я утверждаю одно: извозчик был слишком простой и добродушный малый, чтобы выдумать свой фантастический рассказ. Он при нашем расставаньи прибавил только одно: должно быть, — сказал он, — в том месте погребен кто-нибудь без креста, оттого, сердечный, и мается, все ездит на кладбище к остальным покойникам, погребенным, как след, по вере…

СТАРЫЕ БАШМАКИ

(Итальянская легенда)

Дело было в Италии, накануне великого праздника. Бедный архивный чиновник, живший на убогое жалованье, сидел в раздумьи — дадут ли ему праздничное пособие. В комнате было холодно; он раздумывал, затопить ли ему камин? Надвинулись сумерки.

В его дверь постучались. Вошел плохо одетый старик, с длинною, белою бородой.

— Я бедный артист, — сказал он: — реставрирую старые картины, при случае; но работы у меня мало, и начинает дрожать рука. Помогите чем-нибудь, и Господь да поможет вам счастливо провести с вашими детьми праздники, — заключил он с кроткою улыбкой серых глаз, в которых еще горел отблеск молодости.

— Жалею от души, — ответил чиновник — я такой же бедняк, и у меня нет не только детей, даже собаки. Едва перебиваюсь, платя за эту каморку в четвертом этаже, за дрова, за освещение и за платье, обязанный одеваться, как подобает казенному архивариусу. А пища! а подписка в пользу товарищей! Идите к богатым; крошки их трапезы ценнее наших хлебов!

— Нет-ли у вас хоть пары старых поношенных башмаков? — произнес старик молящим голосом, протягивая руки.

— Нет! ровно ничего нет, что я мог бы вам дать.

— Верно вы не видите? Мои башмаки износились до невозможности, порыжели и пропускают воду, как две ветхих ладьи.

— У меня нет башмаков, — ответил сухо чиновник.

— Простите с миром! — сказал старик, склонив голову на грудь.

Он ушел, влача усталые ноги. Чиновник запер за ним дверь и пожал плечами, как бы кому-то доказывая, что иначе он и не мог поступить. «И в самом деле, — мыслил он — будь у меня полон кошелек, я справил бы себе новое верхнее платье». То, которое висело под шляпой на стене, во многих местах уже показывало свое внутреннее настроение. Разбитое стекло в окне было заслонено куском пергамента с готическими литерами.

А погода? В такую ли погоду подобало встречать наступавший великий праздник? Шел снег. В его падающих хлопьях, казалось, виднелось лицо и белая борода. «Снег! он согревает бедняков-поденщиков, очищающих от него улицы; но было бы не худо, если бы, вместе с снегом, время от времени, с неба падала бы пара башмаков».

Чтоб высушить собственные, измокшие башмаки, чиновник подложил щепок и зажег пару полен, припасенных в камине. Его ноги были давно как два ледяных обрубка. Он протянул их к огню, сложил руки на колени и задумался. В дыме затлевшихся полен ему опять повиделось скорбное и кроткое лицо старого артиста, голос которого, казалось, замерев, остался в этой комнате. — «Простите с миром!» — сказал старик. «С миром!» шептал кто-то спрятанный в одежде, висевшей на стене. Чиновник обернулся и замер…

Кровать, накрытая красным одеялом, с желтыми по нем цветами, заставила его вздрогнуть. Тягой воздуха в камин край одеяла колыхался. Под этим краем чиновник увидел другую пару своих башмаков, старых и действительно «весьма поношенных», но тщательно высушенных, вычищенных и приготовленных еще с утра под кроватью, в ожидании завтрашнего праздника. Пара же совершенно новых башмаков дымилась, сушась у огня, на ногах чиновника. Ушедший бедняк, очевидно, разглядел те старые, запасные башмаки и позволил себе помечтать о них, как хозяин башмаков, раз в год, обыкновенно мечтал о праздничном пособии, рассчитывая на доброе сердце министра, который, по всей вероятности, не подозревал о его существовании. И что же ответил чиновник старику? — «У меня нет башмаков!» Но это ложь. Сказал ли он ее с умыслом или по забывчивости? Ужели с умыслом?

Край одеяла к стороне двери опять колыхнулся, точно старые башмаки, стоявшие под кроватью и также обращенные носками к двери, хотели идти сами собой, прямо к старому художнику. Жаль стало чиновнику, что он так отпустил старика. Следовало бы ему отдать лишние башмаки.

— «Что ты? что ты?» — произнес кто-то внутри его: — «время

сырое, а ноги всегда надо иметь сухие. Надевай завтра старые, высушенные башмаки, сохраняй тело в здравии и тепле, — для чего иначе было бы и рождаться на свет?»

С этими мыслями, чиновник разделся, лег и заснул. Утром он проснулся бодрый, веселый; надел лучшее свое платье, высушенные старые башмаки и пошел к обедне в собор. Башмаки несколько жали ему ноги, поскрипывая, точно новые башмаки первых городских щеголей, несмотря на то, что были «весьма поношены». Утро стояло туманное. Звон колоколов глухо раздавался по улицам. В соборе, на мраморном полу, старые башмаки так опять крякнули и заскрипели, что некоторые из молящихся оглянулись на вошедшего. Он забился за колонны, стал усердно повторять молитвы. И снова он замер... Тихими шагами, чуть шурша стоптанными, развалившимися башмаками, к выходу из собора пробирался нищий старик. В полусвете храма неясно рисовались его сгорбленный, тощий стан, набожно, покорно сложенные руки и белая, длинная борода.

Первым чувством чиновника было броситься к узнанному им артисту. Но обедня еще не кончилась; орган начинал греметь особенно торжественную песнь. При том, можно ли было меняться башмаками на ступенях храма?

Обедня кончилась. Собираясь угостить себя вкусным, праздничным завтраком, чиновник направился к площади фонтанов, куда, как ему казалось, мелькнуло что-то белое... Чиновник быстро шел к площади. В одном месте, в грязи, смешанной с снегом, он разглядел подошву старого, порыжелого башмака. Мальчик, шлепавший по грязи навстречу, поднял и подбросил ногой из лужи другую, кем-то оброненную подошву, у которой торчала еще и половина каблука. — «Нет, надо, во что бы то ни стало, найти старика и ему помочь!» — подумал чиновник. Ища бедного, теперь босого художника, он долго ходил из улицы в улицу, проголодался и решил наконец закусить.

Чиновник вошел в трактир, потребовал супу и дичи, жареной в масле, под пряным соусом, — отменно вкусная роскошь, которую он себе позволял раз в год, — и оглянулся. Полуосвещенная комната, табачный дым, висевший под сводом, и множество мрачных людей, молча или чуть перешептываясь евших вкруг маленьких столов, — все это неприятно подействовало на вышедшего. Крепче закутавшись в платье, чтобы скрыть от назойливых взглядов свои часы, он сел на лавку, вглядываясь в глубину комнаты, где в догоравшем камине дымился огромный котел, а над ним, с шумовкой в руке, виднелся на стуле какой-то старик с босыми ногами.

Принесли миску супа. Чиновник с наслаждением ее съел. Пот выступил на его счастливом лице. А пока он доедал бульон, макая в него мякиш хлеба, старик, сидевший у камина, казалось, строго поглядывал на него. Пламя вспыхнуло под котлом: архивариус в его отблеске узнал, казалось, снова старого художника. Тот продолжал на него смотреть так пристально, что чиновник невольно опустил глаза. Но и сотня других глаз была устремлена на него из разных углов подозрительного подвала, — «Пещера воров!» — пронеслось в его мыслях. Старик поднялся, показав трактирщику из-за плеча пальцем на архивариуса. Трактирщик усмехнулся, прошел в кухню и вынес оттуда порцию заказанного фрикассе.

Дичь оказалась невозможно жесткою. «Боже мой! но разве это фрикассе!» — мысленно вскрикнул чиновник — «это бифштекс из железа, или даже еще хуже — кусок дерева в соусе! В жизни не ел ничего подобного»... И он жевал, жевал, поворачивая языком кусок жареного дерева и чувствуя, как судороги стягивают его челюсти.

Странная мысль пришла ему в голову: ему показалось, что он жует, без надежды когда-нибудь проглотить то, что жует, облитую соусом подошву старого художника, оброненную в грязи, на улице. И его зубы, при этой мысли, мгновенно почувствовали нечто особенно противное, нечто кожано-упорное, с запахом дубильной кислоты и ваксы...

Старик, ступая мягкими, босыми ногами, прошел от камина к выходу; то был вовсе не художник. Кошка трактирщика охотно доела брошенное ей фрикассе, казавшееся чиновнику то железом, то деревом, то подошвой.

Вкус кожи, с запахом ваксы «весьма поношенных башмаковъ», надолго однако прилип к языку архивариуса. И нередко потом, подавая начальнику архива какой-либо древний пергаментный свиток или глиняный слепок с иероглифов, он задумывался, невольно поглядывая на свои всегда чистые и хорошо-наваксенные башмаки.

БОЖЬИ ДЕТИ

В некотором царстве, в некотором государстве,— сказал один из наших собеседников — жил счастливый человек. Он обладал отличным здоровьем, был средних лет, весьма умен, образован, а главное — богат. Свое богатство он нажил собственным трудом, уменьем и бережливостью. Это богатство вскоре стало громадным. Посторонние и даже близкие к этому человеку люди знали, что все его обширные, торговые и заводские дела идут необыкновенно успешно, но и не подозревали обширности его богатства, хотя в шутку между собою и называли его «индийский Набоб».

Набоб был холост и, как большая часть людей, вышедших из ничтожества, без рода и племени. Никто не знал его семьи; никто на его званых обедах и вечерах, которые он изредка давал своему кругу, не слышал от него о его отце и матери, а на шуточные замечания близких: «вам пора бы в такой роскоши, в таких палатах — завестись хозяйкой», он отвечал: «вот еще подожду… не все кончено… дела на всех парах… и какие дела! успокоюсь, — тогда!» — «Не все кончено!» улыбались про себя приятели: «это — ловится еще миллиончик! у богача желаниям нет конца, их конец — одна могила!»

Набоб, однако же, задумал увенчать созидаемое им сокровище земных благ. Он затеял себе устроить уединенный, для одного его доступный приют отдохновения от ежедневных, неустанных, сверх-человеческих трудов на пользу начатой им исполинской наживы.

Это задуманное «тихое пристанище» была загородная, не вдали от столицы, где жил Набоб, укромная дача. Решено, сделано. Среди дремучего леса, между гор и скал, в часе езды от шумного, торгового города, был куплен и расчищен небольшой участок земли, в версте от станции железной дороги. Путники, едущие из столицы на простор провинций, в глушь полей и деревень, не подозревали, что за гребнем елового бора, у одной из подгородных станций, скрывался очаровательный домик столичного Набоба. Здесь было все, чтобы успокоить и понежить усталый дух и тело делового хозяина, чтобы никто его здесь не потревожил и не развлек.

Домик, во вкусе английских охотничьих коттеджей, с резными украшениями и башенками, был выстроен на пригорке, над крошечным озером, в которое впадал вечно гремучий, светлый горный ключ. У подножия был небольшой, наполненный всякими древесными дивами, садик. И все это — дом, озеро и сад — окружалось высокою, с железными иглами, чугунною решеткой, через которую никто не мог перелезть. Лучшие, старейшие и преданнейшие из городских слуг хозяина были здесь поставлены сторожами, один — в виде привратника, другой — в виде дворецкого, еще несколько — в виде ловчих. Приученные громадные, сытые псы берегли дачу, у всех ее ворот и калиток. И все ворота, калитки и подъезды, сверх того, были с особыми, потайными замками и постоянно на запоре.

Красивый, молодцоватый Набоб, отделавшись от городских дел, подписав десятки деловых бумаг и телеграмм и отпустив бухгалтера, кассира, секретаря и кучу просителей, надевал пальто, фуражку, брал зонтик, дорожный мешок, садился в вагон, доезжал до станции, шел оттуда пешком, лесною тропинкой, к даче и входил наконец в свое заповедное пристанище.

Его встречали светлые, уютные комнаты, устланные коврами и уставленные мягкою, роскошною мебелью. Красивые шкафы были полны книг, собрания гравюр. На этажерках и столах лежали со всего света газеты и иллюстрированные издания. Окна были уставлены цветущими растениями. А из окон, залитых солнцем, был вид на озеро, сад и окрестные, то голубые в дальнем тумане, то зеленеющие лесами холмы и скалы. Нужно о чем-либо переговорить с городом — домик, при особых усилиях, был соединен телеграфною проволокой со станцией, и сам хозяин, некогда, в бедности, служивший телеграфистом, мог сноситься депешами, с кем надо. Сверх того, из дачного кабинета в городскую квартиру был проведен телефон. Но ни по телеграфу, ни по телефону сюда не обращались. Хозяин раз навсегда отдал городским слугам приказ: не беспокоить его на даче, а всякое спешное дело оставлять до его возврата в город.

Наслаждение Набоба тишиною и прелестью его приюта, в особенности его укромного, никому, кроме его, не доступного сада, было истинное, полное. Он обходил дивные, издалека сюда перенесенные деревья и кусты, осматривал их, приглядывался к каждой, живописно очерченной ветке, к каждому роскошному цветку, обонял их и любовался ими без конца. В кустах и к вершинам дерев были подвязаны искусственные, приноровленные к птичьим породам, гнезда. Крылатое царство с весны наполняло затишье сада, привольно здесь выводило детей и, с веселым щебетанием, улетая в горы и вольные леса, разносило всюду крылатую славу гордому своим приютом хозяину.

Наступила новая весна. Снега растаяли, горные потоки сбежали в долину. Леса и сады оделись зеленью. Стало тепло, зацвели кусты и травы. Птицы слетелись, суетливо принялись таскать новый хлам и пух в старые, очищенные гнезда.

Был теплый, безоблачный, майский вечер. Набоб подъехал с гремящим и свистящим поездом, прошел знакомою тропинкой к домику, сказал два-три ласковых слова дачной прислуге, с осени его не видавшей, бросил на стол дорожный мешок, спросил, все ли благополучно, и ушел в сад, заперев за собою балконную дверь. Он не узнал сада: так все здесь, казалось, с новой весной, окрепло, разрослось и еще более похорошело.

Но особенно он стремился взглянуть на один род дорогих и редких лилий, выписанных им откуда-то из-за моря, из Японии или Австралии. Таких лилий в царстве, где жил Набоб, еще никогда не видели и о них не слыхали. Лилии были небесного, голубого цвета, с розовыми каймами, точно разрисованные красками зари, и далеко от них лилось тонкое, чарующее благоухание. Лилии, посаженные у озера, как раз в этот вечер, по расчету хозяина, должны были расцвести.

Набоб прошел несколько тропинок, усыпанных то серым, то оранжевым, то почти красным песком, присел на скамью, отер лицо, хотел вынуть и закурить сигару — и остановился. — «Нет, подумал он: тот запах лучше; не оскверню его табачным дымом!» И он, потянув носом воздух, стал приглядываться, где его лилии? Рабочие, даже садовник из сада, по его приказанию, были усланы заранее. Солнце скрылось за горой; в вечерней полумгле вырезывался из-за леса полный месяц. Птицы смолкли. Пахло смолистыми почками тополей и распускавшейся сирени. Звенел где-то в траве сверчок, но и тот вскоре затих.

«Какая тишина! какая полная, чудная отрада!» — мыслил Набоб — «и я один всему этому владелец, одним этим наслаждаюсь... И никто, ничья тень не мешает мне созерцать эти красоты, упиваться этим воздухом, этими ароматами. Я никому не сделал зла; все мои подчиненные, пособники, товарищи и слуги любят меня, а многие из них мною только и живут, молят, чтобы продлилась моя жизнь. Не боюсь я ни предательства, ни измены; я всем нужен, все за меня стоят и меня не променяют ни на кого. А дела-то какие, какие подвиги я совершаю!.. И что мне еще нужно?» — Он с минуту подумал, перебирая мысли. «Ничего мне более не надо... я всего достиг, все осуществил... миллионы на миллионы... да! вспомнил! — улыбнулся он — не видел еще, не обонял моих лилий»...

И вдруг Набоб вздрогнул и замер. Ему померещился как бы шорох по тропинке чьих-то шагов. Как? в его саду, в его приюте, за этою высокою решеткой с острыми иглами, — посторонние шаги? Ключ от потайного замка в железной калитке у дворецкого. Кто же перелез через эти иглы, кто мог отомкнуть потайной замок? Набоб стал прислушиваться, приглядываться. Сумерки еще более сгустились; из леса стал более виден месяц. Его бледные лучи освещали верхушки ближней части дерев. Шаги стихли. Внизу, у озера, послышался робкий голос. Да, говорят точно... шепчутся двое. Затаив дыхание, Набоб тихо, на цыпочках, пробрался ближе к деревьям, присел на другую скамью и стал слушать.

— Ах, дорогая, пусти меня! — шептал детский голос — пусти, дай только взглянуть.

— Нельзя, — отвечал другой, как бы более возмужалый голос.

— Да почему же, почему? что за диво такое цветок?

— Нельзя, повторяю тебе, не таков человек здешний хозяин.

— Да какой же он?

— Это страшный богач и еще более страшный себялюбец! Все для себя и даже то, что для других, также исключительно для себя. Он накопил и копит сокровища и уделяет только тем, кто ему служит и кто помогает ему богатеть, копить еще более богатства.

«Ложь!» — хотел крикнуть и удержался Набоб: «ложь!» — мыслил он, дрожа от негодования: — «а моя служба и мои жертвы в богадельне для старых людей, а мои пожертвования на приюты, подачки бедным всякого звания?»

— Он жертвует на старых и хилых, — продолжал голос — из честолюбия, из-за отличий, которыми его награждают; он помогает бедным и сирым, из жалкого тщеславия, из-за отчетов, печатаемых во всеобщее сведение. Его грудь увешана крестами, а он не устыдился в переполненной богадельне, при виде кроткой, девяностолетней старушки, вязавшей правнуку чулок в своей келейке, подумать и даже сказать: «вот живет-же, старушонка, не умирает, мешает только другим занять место!» Он-то, которому выстроить сто новых богаделен ни по чем!

Негодование Набоба, при этих словах, вышло из границ. Он хотел броситься к смелому болтуну. — «Как? слуги не досмотрели, впустили наглого клеветника! Или дерзкие воры, может быть грабители, убийцы, подобрали ключ? Надо пустить собак... дать знать по телефону, телеграфировать полиции»... Опять раздались тихие, точно золотые голоса.

— Но цветок, цветок? — лепетал детский голос — не сорвать, позволь хоть дотронуться, понюхать...

— Боже тебя упаси его коснуться! — ответил другой голос: — не только сорвать, дотронуться... черствый и злой, да, злой себялюбец, если это узнает, если проведает, что здесь у него, в его сокровенном владении, была чья-либо посторонняя нога, он прогонит дворецкого, привратника и ловчих. Сам исполнительный, неутомимый с детства работник, он все это сделает, будто бы из чувства справедливости; те будут плакать, и он, черствый, заплачет! Сердце у него, как и эта ограда, железная...

— Ах, Серафима! милая! но меня манят эти цветы, и он за меня, маленькую, не сделает зла слугам.

— Это сильный и бессердечный человек, и ты, крошка, херувимчик, поймешь его черствость, если я тебе скажу, что он знает, как сотнями, тысячами мрут в бедности, в сырых подвалах, голодные дети городских нищих и фабричных, знает — и копит свои миллионы. В приюте, где он почетным членом, все переполнено... сотни голодных матерей там, в приемной и у крыльца, стоят, с прижатыми к груди безграмотными прошениями, жалобно глядят на попечителей — а те важно, молча проходят...

— Дети, Серафима, ты говоришь, — маленькие, умирающие дети? и он не жалеет умирающих?

— Да, но есть, которые, как и та, с чулком, старушка, живут и не умирают. О! я их видела в таком подвале; угол, едва повернуться. На тюфяке, на досках, за лоскутом ветхой простыни, спит после тяжкой работы мать, у груди — новорожденный, красивый, как и ты, натерпевшаяся крошка, и тоже девочка, неимоверно худая от голода, а в ногах... лет трех мальчик... Боже! многих видела я, но такого никогда... Мальчик — калека, без ног, без рук, то есть вместо них какие-то плетки, как веточки, а голова, с водянкою в мозгу, большая, с кроткими, будто вечно-плачущими глазами. Неизлечимо-больное дитя осуждено постоянно сидеть в том углу, в той темноте; сидит, и все его движение, вся жизнь — качание с боку на бок его худенького тела и его большой, больной головы... И сколько таких! Другим детям — весна, цветы, воздух, солнце, этим — только душные, сырые подвалы; прочим детям святки, рождественские и крещенские вечера, этим — вечное страдание и вечная тьма... Этот каменный, красивый человек не женится из себялюбия и чтоб не иметь детей, которых не любит...

— Но если ему все сказать, если попросить этого богача, — прервал со слезами голос девочки — он смягчится, поможет бедным калекам-детям! Его теперь нет дома... Пойдем к нему, когда он приедет.

— Поможет? — сурово и властно возразил голос старшей: — нет, такой не смягчится! Он недавно, быть может, и в шутку, но подумал и сказал своему секретарю на докладе о подобных калеках: эх, милый мой, таким детям нужны не новые койки, их не вылечат: им лучшее лекарство — стрихнин или цианистый кали...

— Что это?

— Сильный яд... Не расцвели его лилии и не расцветут: для них нужно иное солнце, иная теплота... Его сердце — могила, лед...

Набоб еще более вознегодовал при этих словах. — «Что же это? кто так шпионит, следит за мной? Это не воры, не грабители, хуже… это убийцы моей чести, славы».

И он подвинулся, тихо развел ветви и остолбенел. Месяц поднялся выше, светил ярко.

В его лучах, на тропинке у озера, обрисовались: лет шестнадцати стройная, невиданной красоты, девушка, с светлыми, распущенными косами; а рядом с нею кудрявая, черноволосая, лет семи, девочка; и обе в белом и схожие друг на друга, как сестры.

Набоб миновал кусты, вышел на поляну; девушек у озера уже не было. Он бросился к калитке в конце сада: она была заперта. Он быстро обошел весь сад, заглядывал под деревья и кусты, — сад был пуст. Были позваны дворецкий, огородник и привратник: все клялись, что никого не видели и в сад не впускали. Замки были заперты и цепные собаки спущены, но молчали. Набоб отослал слуг, упал на постель и долго не мог сомкнуть глаз. Месяц наискось светил в широкие окна его кабинета, на бронзы, ковры, зеркала, на портреты великих дельцов мира, коим он покланялся, и на газеты, где его самого так хвалили и славили.

— Эти девушки, очевидно, здешние, свои… с ближней станции, — мыслил он — дочери смотрителя или телеграфиста; там из зависти сплетничают на мой счет между собой и с горожанами. Мало ли чего не плетут… Но такое знание не только дел, чуть не мыслей! О! я выведаю, разузнаю, найду и пристыжу болтунью… А какая она красавица! что за голос, чисто ангельский, а сердце…» И успокоенное воображение стало рисовать Набобу его новый подвиг. Он мысленно бросил золотом, все разузнал и нашел девушку Серафиму. Это, — подсказывали ему мысли, — была старшая дочь бедного стрелочника, отставного гвардейского солдата, крестница и воспитанница знатной княгини, навещавшая отца в праздники, Набоб вспомнил, что в тот день был действительно праздник. Садовник, сослуживец стрелочника, рассказал девушкам о лилиях и, не ожидая в тот день хозяина, так как лилиям не приходила еще пора цвести, дал им ключ от железной калитки. Прочие слуги, очевидно, от страха, скрыли проступок товарища. Набоб их благодарит. Он навещает в новый праздник отца девушек, видит и ее и решает дело невиданное и неслыханное: такой умной, красивой и доброй девушке он предлагает свое сердце и руку…

Набоб очнулся. Чудный сон улетел, а из глубины померкшей комнаты на него смотрит то кроткое личико чистенькой, богомольной старушки, вяжущей в девяносто лет внуку чулок, перед неугасимою, как ее тихая жизнь, бедною лампадкой, — то худые плечи и большая голова безнадежно-больного, двигавшегося с боку на бок, жалкого калеки. Еще длилась ночь. Все погружалось в сон и тишину. В кабинете Набоба раздался резкий, несколько раз повторенный звонок телефона. На него ответил звонок из городской квартиры. Был разбужен дежурный в конторе, затем поднят на ноги и позван к телефону секретарь.

— Сколько келий в нашей богадельне? — спросил Набоб по телефону.

— Пятьдесят.

— А сколько кандидаток?

— Не понимаю-с… чьих? по чьей рекомендации?

— Никаких рекомендаций… Сколько желающих, нуждающихся? Есть у вас список?

— Но теперь, извините, три часа ночи…

— Не отойду от телефона… справку сию секунду.

Молчание. Через три минуты ответ:

— Заявлено сверх устава сто двадцать прошений.

— Сто двадцать беспомощных старух?

— Так точно. Но не при всех бумагах — нужны свидетельства врачей.

— Вздор. Завтра к моему возврату приготовить смету и чек на открытие новых полутораста помещений, с полным содержанием.

— Но это потребует нового здания и расхода чуть не в двести тысяч.

— Не ваше дело, хоть полмиллиона. Чтоб все бумаги были готовы.

Перед рассветом — опять звонок. Секретарь, писавший в конторе, снова у телефона.

— Сколько коек в детском приюте?

— В каком?

— Во всех, где служу.

— Сто семьдесят.

— На сколько прошений отказано?

— Извините, пятый час... но я сию минуту...

Прошло четверть часа. Набоб нетерпеливо, громко звонит.

— Трудно определить, — отвечает секретарь — я считаю, считаю... нет числа...

— Готовьте новую бумагу. Позвать утром архитектора и подрядчиков и составить смету на пять новых приютов.

— На пять?.. По сколько коек?

— По сто, на пятьсот детей.

— Но это потребует... здания... несколько зданий... и постоянного, большого расхода...

— Не ваше дело... я подпишу, в виде аванса, чек на миллион.

Секретарь, в почтительном ужасе, молчит.

— Еще не все, — говорить Набоб: — позовите нотариуса, изготовьте дарственную. Я уступаю эту свою дачу, где теперь нахожусь, под пристанище для неизлечимо-больных детей.

— Извините, — робко произносит секретарь — вы тревожитесь, не спите, такое позднее время. Все ли у вас благополучно?.. и как ваше здоровье?

— Не беспокойтесь, милый, здесь у меня все благополучно! О, я совершенно здоров и буду назад с первым поездом.

Набоб, сделав эти распоряжения, прилег и крепко заснул. Спал он недолго, но сладко... Начиналась румяная заря, когда он очнулся, увидел, что не раздет, все припомнил и бросился на балкон.

Чудный утренний воздух был полон необычного, чарующего благоухания. Это благоухание волшебною, широкою волной, лилось по всему саду. Набоб понял, что под новым солнцем, при новой, его собственной, сердечной теплоте, у озера расцвели его заморские лилии... Он спустился с пригорка и обмер.

У куста благоухавших лилий стояли две вечерние гостьи, старшая и младшая. Младшей удалось увидеть и понюхать так ее манивший, чудный цветок. Набоб протянул руки от счастья и вскрикнул. Гостьи его не видели.

Над их плечами развернулись голубые, с розовыми каймами, крылья, и обе гостьи, эти божьи дети, как понял Набоб, зашумев в воздухе, стройно и властно поднялись над озером, садом, холмами, и исчезли в синем небе.

СЧАСТЛИВЫЙ МЕРТВЕЦ

Это было лет тридцать назад. В одной из наших южных губерний проживал весьма даровитый, ретивый и всеми любимый исправник. Тогда исправники служили по выборам из местных дворян-помещиков. Назовем его Подкованцев. Он был из бедных, мелкопоместных дворян, поместья не имел, а владел небольшим домом и огородом на краю уездного города, где жил. Его жена — болезненная, кроткая женщина, расстроила в конец свое здоровье, ухаживая за кучею детей. Муж и жена мечтали об одном: купить с аукциона родовое, небольшое имение, которое вот-вот должно было продаваться с публичных торгов, за долг в казну родных исправника. Жена, после смерти бабки, получила небольшой капиталец; но его далеко не хватало на выкуп этого имения. Подкованцевы ожидали наступления срока торгов и придумывали, откуда бы взять недостающую сумму для покупки имения; оно было еще южнее, в лесистой местности, у низовьев Днепра. Исправник, как все это знали, взяток не брал. Откупщик, имевший к нему множество дел, решил подъехать, без ведома мужа, с предложением крупной благодарности — его жене. В том году в губернии, о которой идет речь, появилась смелая и ловко-организованная шайка разбойников. В губернском правлении считали ее в количестве до восьмидесяти человек и не знали, что делать, чтобы ее переловить. Были сведения, что шайка делится на особые кучки; что ее члены в обычное время мирно проживают в разных местах губернии, в виде крестьян, шинкарей, мелких торговцев, псаломщиков, сгонщиков скота и нищих, и собираются в ватаги, когда задумывается и решается какое-либо особенно выгодное и ловкое предприятие. Главою всей шайки этих грабителей, конокрадов и разбойников больших и проселочных дорог считался некий Березовский. Кто он был? Никто этого не знал и в действительности его не видел. След шайки, по некоторым, особенно смелым грабежам, со взломом и всякими насилиями, показался в уезде, где служил Подкованцев. Исправник думал-думал и, глядя на жену, незадолго перед тем как-то особенно повеселевшую, сказал ей: — еду к губернатору, попрошу особых полномочий, выговорю себе вперед, на случай успеха, хорошее вознаграждение и изловлю Березовского; если казна расщедрится, да и купцы, не раз ограбленные, сложатся, то заполучим добрый куш... пожалуй, купим и имение. — Да, не мешает, — ответила жена — еще не хватает... на торгах могут наддать цену... — Сказано-сделано. Подкованцев съездил к начальству. Его знали за искусного и умного деятеля; дали ему нужные полномочия и различные указания, и он стал работать. Были пойманы человек пять-шесть из шайки, потом еще двое. Один из пойманных выдал главную нить. Были указаны притоны, места сборов. Исправник обомлел от восторга. В ближайшую ночь — это было летом — он, верстах в двадцати, надеялся наконец живьем захватить самого Березовского... Дело шло о выдаче сообщником начальника шайки, на любовном свидании у какой-то вдовы-казачки. Едва стемнело, исправник уложил в карманы по пистолету, наскоро простился с женою, сказав — «ну, теперь жди с победой! со щитом или на щите! имение наше!» — и укатил. Прошел час, другой; уездный городишко стих; предместье, где был двор исправника, погрузилось в сон. Подкованцева уложила детей, отпустила прислугу ужинать и, замирая от волнения, села с картами раскладывать пасьянс. Прислуга долго не возвращалась. — «Как барина нет, вечно перепьются — засидятся в кухне!» — подумала она, прислушиваясь к запоздалым подводам, еще тянувшимся со скрипом из-под моста в город, мимо их ворот. Она даже подошла к окну и приложив лицо к оконной раме, взглянула в темноту. Сторож был, очевидно, в исправности, ворота на запоре. Вдруг ей послышался стук в ворота. — Неужели подъехал уже муж? как она не слышала колокольчика? — Опять легкий стук. Видно, сторож заснул. Подкованцева бросилась в девичью, хотела оттуда крикнуть на кухню, — в зале послышались шаги. —

Исправничиха стремглав кинулась туда. Перед нею стояли два незнакомых мужчины. Извиняясь за поздний заезд, они представились хозяйке. Это были два смиренные помещика соседнего уезда. По их словам, они имели экстренное дело к исправнику. — Мужа нет, — сказала хозяйка. — Мы знаем — ответили гости — но дело спешное; не позволите ли подождать? — Исправничиха подумала — лучше пусть посторонние перебудут здесь, чем так тревожиться одной, — и пригласила приезжих садиться. Явилась между тем служанка. Она подала чай. — Нализалась! — подумала, глядя на ее пошатывание, хозяйка — ну, после поговорим! — Вечер кончился в разговорах. Беседовали о местных и столичных новостях. Один из гостей уходил осведомляться о своем экипаже, о лошадях. Еще поговорили. Был уже второй час ночи. У Подкованцевой давно слипались глаза, и она украдкой позевывала. — Не хотите ли у нас переночевать? — сказала она, поглядывая, куда, опять запропастилась горничная? — Гости встали, прощаясь. Из передней выглянуло третье лицо — слуга гостей. — «Видите ли, сударыня, — сказал один из гостей, увидев своего слугу — вы не беспокойтесь, не тревожьтесь, — продолжал он, подойдя к руке хозяйки: — благодарим за внимание, но оставаться у вас на ночлег мы не можем, переночуем в другом месте… а дело-то вот в чем… Я — Березовский…»

Можете себе представить изумление и испуг Подкованцевой. Барыня чуть не упала в обморок. Ее поддержали. — «Успокойтесь, — сказал ей Березовский — жизнь ваша и вашей семьи в безопасности; вы исполните только беспрекословно наше желание. Ваша дворня опоена сонными каплями; не кричите, не поднимайте шума… Вот вам свеча, держите ее и ведите нас в вашу спальню. Там, под кроватью, у вас шкатулка, а в шкатулке четырнадцать тысяч; десять из них — ваше наследство от бабки, а четыре… кажется, вам их дал откупщик Себыкин, в надежде через вас уговорить вашего мужа погасить дело о насильственной смерти еврея-шинкаря. Вы могли бы смело взять эти деньги; еврея… по ошибке… придушил не Себыкин, а мы… за один донос. Пожалуйте, идем… да держите свечу; она падает у вас…» Подкованцева, чуть жива от ужаса, провела грабителей в спальню, где мирно почивали ее дети, и выдала заветную шкатулку.

Березовский весьма вежливо поблагодарил, еще раз попросил не тревожиться по пусту, беречь себя, и ночные гости, выехав со двора, умчались. Подкованцева, рыдая, упала перед киотом. Грабители проскакали верст семь, своротили с большой дороги в овраг, проехали оврагом версты две и направились к уединенной корчме, стоявшей на перекрестке двух проселков, у леса. Корчмарь-еврей впустил их в чистую жилую избу. Грабители зажгли свечу, заперли и стали считать и делить деньги. Вдруг на большой дороге раздался заливистый, знакомый им звон колокольчика… Березовский прислушался и мигом погасил огонь. Прошло несколько минут. Колокольчик стал затихать; путники по большой дороге, очевидно, проехали далее. Но едва грабители хотели вновь зажечь свечу и кончить дележ, у корчмы раздался стук колес и храп остановленных лошадей. Долго стучались приезжие. Шинкарь прикинулся спящим, наконец отпер ворота. В избу вошел высокий, молодцеватый Подкованцев. Подъехав с подвязанным колокольчиком, он вынул спички и зажег стоявшую на столе свечу. Гости также притворились спящими. На вопрос: кто это? — струсивший еврей ответил — проезжие помещики. — Знаешь их? — Почем знать! — Буди их. — Еврей стал толкать гостей. Те встали. Начался спрос: кто вы, откуда, куда едете? Те вломились в амбицию, жалуясь на беспокойство и уверяя, что спали давно. — А зачем же вы вдруг погасили свечу, едва заслышали мой колокольчик? Я исправник! — Знаем, — сказали гости — что же вам нужно? — Ваши паспорта, господа. — Один из гостей вынул дворянское свидетельство. — «Здесь прописано имя и фамилия помещика NN, — произнес исправник: — а я его лично знаю, вы самозванец, — и потому, господа, шутки в сторону, прямо отвечайте, кто вы? Изба окружена сотскими; оставь нас, уйди!» — обратился Подкованцев к корчмарю. Тот вышел. Исправник сказал — отвечайте, кто из вас Березовский? признавайтесь, вам спасения нет. — Он вынул пистолеты и стал у дверей. Оба грабителя были щуплые, худощавые, невзрачные на вид. Подкованцев мог кулаком положить обоих на месте. Березовский взглянул на товарища, назвал себя и стал торговаться. Сошлись на четырех тысячах — сумма, которой именно не доставало исправнику до восемнадцати тысяч, на выкуп родовой деревеньки. Получив и со вздохом пересчитав деньги, он отпустил мнимых помещиков и, когда те уехали, сказал сотским: ну, ребята, можете расходиться, и здесь не удалось, — и направился домой. Он радостно объявил жене: — поздравь, сейчас накрыл Березовского, вот и деньги, — теперь наше дело в шляпе! — Как? — вскрикнула жена: — так и шкатулку отбил? — Какую? Никакой шкатулки у них не было! — Та рассказала, в чем дело. Едва Подкованцев сознался ей, какую дурацкую штуку с ним сыграл ловкий разбойник, исправничиха вскрикнула не своим голосом и грохнулась на пол... Муж бросился приводить ее в чувство; она была недвижима. Позвали уездного врача — горького пьяницу; тот повозился над нею, давал ей нюхать спирт, тер ей руки и ноги, подносил свечу к глазам, зеркало к губам и, наконец, объявил, что она умерла, вероятно от разрыва сердца, которым, по его мнению, она страдала. Подкованцеву обмыли, одели, положили на стол, и растерянный, измученный муж подумал — ну, мертвой не оживить; надо думать о живых, о детях! — велел запрягать лучшую свою тройку и снова бросился искать Березовскаго. Один из сотских, бывших у корчмы, догадался, что оттуда мог быть выпущен, пожалуй, по ошибке, сам Березовский, решил его выследить и, загнав лошадь, возвратился к обеду и объявил, что след заподозренного им Березовского направился к местечку А**, лежавшему невдалеке, у Днепра. Туда и понесся рассвирепевший исправник. Подкованцеву, между тем, вынесли в церковь на соседнее кладбище. Забулдыга псаломщик, дьяконский сын, изгнанный за пьянство и буйство из бурсы, был позван читать над покойницею псалтырь. — Не стану томить вас подробностями... Подкованцева оказалась в летаргическом обмороке — все слышала, чувствовала, но не могла очнуться, не могла встать. Ночью в церкви, среди чтения псалтыря, ей померещился стук в церковное окно. Чтец остановился, поднял оконницу. — Что тебе? — спросил он. — Пан пришлет, ранком, за казною; где ты ее зарыл? — Кому нужно? — спросил чтец. — Рыжего прислали: он и отроет. — А я? — Велено тебе читать, а он будто за картошкой на огород... говори же скорее. — Под вербою, в грядке луку зарыл, — ответил псаломщик. — Под какою? — У самой речки... Да ты скажи Рыжему, чтоб меня переменил; есть хочется и выпить бы. — Ну, скажу; ты однако не уходи, коли не пришлют другаго. — Прошел час. Псаломщик, очевидно, не вынес голода и жажды, погасил свечу и ворча сквозь зубы ушел и замкнул за собою церковную дверь. Подкованцева вылезла из гроба и, не помня себя от волнения, бросилась к городу. На дороге ее обогнал какой-то поселянин, на повозке, с мешками. Она его окликнула и доехала с ним к приятельнице, подруге по пансиону, жене аптекаря. Там она, через силу, рассказала второпях в чем дело. Аптекарша позвала мужа. Подкованцева была едва жива и все твердила: «скорее, скорее, берите заступ, молю вас, ройте!» — Аптекарь, честный, сердобольный немец, дал ей успокоительных капель, уложил ее в постель и поспешил, по ее указанию, на огород дьякона, где под указанной вербой, при помощи полицейских, и была найдена в целости шкатулка Подкованцевой. Березовский, как после оказалось, выпущенный из корчмы, где с товарищем начал было делить деньги, решился, впредь до более спокойного часа, спрятать шкатулку в самом городе, через псаломщика, состоявшего в шайке грабителей в качестве укрывателя награбленных вещей, а Рыжий, через которого он с пути прислал новую отмену своего приказа, был городской лавочник, исполнявший при шайке обязанность рассыльного и вестового. Шкатулку аптекарь успел выкопать ранее, чем Рыжий и его пособники, ждавшие, пока стихнет возня во дворе дьякона, успели ее перенести в иное место. В ту же ночь были арестованы: псаломщик — в кабаке, Рыжий — в квартире, при своей лавочке, а Березовский — на другой день, в местечке А**. Подкованцев убедился, что тарантас грабителей не въезжал в местечко, но что туда въехал, на возу с арбузами и дынями, человек, похожий на Березовского, в крестьянской свите и поярковой шляпе, очевидно, успев уже где-то сбыть и свой тарантас, и лошадей, и одежду помещика. «Где тут хорошая шинкарка?» — лихо спросил исправник, тоже переодетый, первого встречного обывателя местечка. Тот указал ему дальний двор. Оставя лошадей у околицы и зная сибаритские обычаи грабителя, Подкованцев вошел молодцом в шинок, пошутил с смазливой, румяною бабой-шинкаркой, потребовал корчик перцовки, выпил его, бросил на прилавок серебряный талер, и, утирая усы, козырем посмотрел на хозяйку. — «Ну, ночка была! — сказал он — заработали! а где сват?»

— Шинкарка налила еще корчик водки. — «Где сват? пока вернется, пеки яичницу, жарь гуся! — произнес гость — надо справить магарычи»... — Шинкарка молча выглянула в окно на Днепр. «Знаю, купается, шельма — чистун!» — сказал гость и, бросив другой талер на прилавок, вышел на реку. Там он тотчас узнал в воде, среди пархатых, местных купальщиков, серые, наигранные глаза и острую мордочку Березовского. Последний также в подошедшем рослом, запыленном мещанине узнал своего врага — исправника и, будто продолжая купаться, пока его преследователь раздевался, шибко поплыл на другой бок Днепра, в кусты... Но к берегу от околицы уже подъезжала тройка исправника, с понятыми. Подкованцев поймал Березовского в воде за ногу, когда тот уже был готов ускользнуть в зеленые, безбрежные плавни за рекой. — К зиме Подкованцев купил задуманную деревню. Поймав Березовского, он все рассказал губернатору; деньги, поднесенные его жене, как потом уверяли, возвратил через начальство откупщику, а купцы, в благодарность за избавление от Березовского, сложились и предложили Подкованцеву, под вексель, недостающие для покупки деньги. Они по векселю, разумеется, не думали с него требовать долга. То были, говорят, иные времена и нравы; во всяком случае — фабула о бескорыстном полицейском чине в то время была возможна... Перед выходом в отставку, когда имение куплено уже было и семья Подкованцева там проживала, он сам навестил Березовского в губернской тюрьме. Свидание происходило при смотрителе острога. «Скажи, братец, как это ты пронюхал, что я уехал тебя искать, — спросил Подкованцев разбойника — а главное, как ты узнал, что у меня в шкатулке такая-то именно сумма?» — Никто сам по себе ничего! — ответил со вздохом Березовский, оправляя на себе кандалы — все в пособниках! — «Да кто же тебе помогал у меня-то? в моем-то исправницком доме?» — Бабы, ваше благородие, все оне; я перед тем две ночи ночевал у вас же, во дворе, одну в саду, а другую в такой это коморочке, около детской. — И нож был с тобою? — спросил исправник. — А уже как же это нам, мужчинам, без бритвы-то? — усмехнулся недавний душегуб.

РАЗБОЙНИК ГАРКУША

(Из украинских легенд)

Слава Гаркуши, по малорусским преданиям, началась с 1777 г. — Этот год остался надолго памятен малороссам. В продолжении 10 лет, начиная с этого года, Гаркуша был страшилищем Малороссии. Предание так рисует портрет его. Это был широкоплечий, мускулистый, среднего роста мужчина; лицо загорелое, грубое; глаза черные; волосы на голове и на усах такие же. Когда он был чем-нибудь рассержен, лицо его становилось багровым, глаза бросали молнии, все мускулы были в движении. Гаркуша, по преданиям, никого не умерщвлял, разве в крайности. Один из старожилов передает следующий рассказ о смерти Гаркуши, слышанный им от дряхлого бандуриста, лично знавшего Гаркушу. Однажды преследовали его где-то по Днепру. Видя невозможность спастись от преследователей сухим путем, он решается почти на явную смерть: отрубает толстую веревку, которою была привязана, так называемая, душегубка, садится в нее и плывет. Другой лодки не было. Преследовавшие послали отыскать ее поблизости на реке. Между тем беглец счастливо переплывает большую половину Днепра. Уже он близко подле берега. Вдруг подул сильный ветер; Гаркуша покачнулся и — исчез в синих волнах днепровских. Старожил приводит следующие анекдоты об этом разбойнике. — Заседатель …ского земского суда ехал верхом в город из одной деревни, владетель которой праздновал тогда свои именины и потому звал к себе в гости всех знатных лиц околотка. Была ночь — и ночь темная. Тучи покрывали все небо. Этому страннику оставалось не более трех верст. Он своротил вправо с большой дороги и поехал по маленькой тропинке, ведущей через лес, — желая этим сократить путь. Уж он благополучно пересек лес, уж он проезжал городские луга; в это самое время навстречу ему попадаются два человека, одетые в русское платье. Желая выказать себя им, а может быть и просто по невольному побуждению, родившемуся в голове его от излишнего употребления крепких напитков, он, именем земской полиции, спросил их: кто они? Ему отвечали: хиба́ не ба́чите? — «Покажите мне ваши виды, мне — заседателю нижнего земского суда сего уезда!» — закричал он. — «Яких вам треба?» — «Да тех, которые вы имеете». — «Стрива́й, за́раз!» — Один из них свистнул, в минуту явилось человек десять гайдамаков. — «Берите, лишень, его, та ведите в ту балку», — сказал Гаркуша. Заседатель был приведен в назначенное место. Там совершена была над ним, без жалости, известного рода — экзекуция. Потом Гаркуша давал ему различного рода наставления и, отходя от него, прибавил — «та гляди мини, не смотри, куды ми пидем, а не то очей в тебе не стане!» — Не мудрено, что …ская земская полиция долго помнила этот случай. Предание говорить, что наставления Гаркуши переходили от одного заседателя к другому по наследству. — Однажды Гаркуша, с двумя молодцами из своей ватаги, приехал в казенное селение, к одной вдове, и приказал подать себе поужинать. Она ему говорила, что у нее ничего нет: «заседатель був тут позавчора, та все, що було, описав, та позабирав за недоимку, а я вже ему в прошлую недилю заплатыла пивторы копы». — «Жалко, що я не могу его теперычка промуштроваты. Ачь, який бисив сыну! та вин вже не минет моих рук!»… Старушка приготовила своим гостям ужин. Гаркуша, за радушный прием, оставил вдове в приданое трем ее дочерям, может быть и не последним красавицам в Малороссии, — трудно поверить, — тысячу рублей. — «Кажи», — прибавил Гаркуша, прощаясь со старухой: — «кажи усякому, що си гроши дав тоби Гаркуша; а хто зосмилыцця у тебе их отняти, то тому я, не на живит, а на смерть, вси руки повывертаю». — Гаркуша любил разъезжать по городам и селениям в генеральском мундире. В таком случае за ним всегда следовала большая свита. Однажды он приехал в таком виде в Конотоп, уездный город Черниговской губернии, и прямо на двор к городничему.

***

Известный библиограф и исследователь Малороссии, А. М. Лазаревский, на мой вопрос о Гаркуше, в 1854 г., сообщил мне следующее.

Гаркуша большею частью действовал в пределах настоящей Черниговской губернии.

Фамилия городничего, о котором упоминается в статье «Украинского Альманаха» — Базилевич. Гаркуша, между прочим, велел одному из своих хлопцев дать несколько ударов нагайкою жене Базилевича за то, что она не соблюдала постов по средам и пятницам.

В одну погоню за шайкою Гаркуши, на Гнилище, около Конотопа, конотопцы догнали одного разбойника, но не решились живым взять, а убили его из ружья, и убил именно казак Зимивец из ружья, которое было заряжено серебряным гудзиком[1], которую нарочно для этого конотопский протопоп отрезал от ризы. Простые пули, по мнению народа, не брали разбойников Гаркушиных.

Будучи уже разбойником, Гаркуша женился, в Роменском уезде, на помещичьей девке, и здесь-то исправник едва не схватил его.

Пойман же Гаркуша в г. Ромнах «бублейницею[2]». Это происходило таким образом. Гаркуша покупал целую коробку бубликов; торговка, узнав его, схитрила: под предлогом, что у нее нет сдачи, она пригласила его войти к себе во двор; между тем оповестила народ и полицию, и Гаркуша был схвачен.

В допросе Гаркуша показал себя выходцем из Черноморья.

Все дело о его разбоях хранится в Роменском уездном суде. Впрочем, часть этого дела, именно о нападении на дом Базилевича, находится в Конотопском уездном суде.

Большею частью Гаркуша жил в м. Смелом, где его не задерживали, за что он щедрою рукою сыпал деньги.

Сохранилось предание, что Гаркуша строптивым помещикам шил красные сапоги, т.-е. приказывал сдирать с ног кожу. Но вряд ли это справедливо; Гаркуша только в нужде употреблял насилие.

В Харьковской губернии запорожцы часто пошаливали[3], грабили помещиков, и противляющихся тиранили и даже умерщвляли; но все это проказили, так называемые, «гайдамаки, харцызы», являвшиеся в разных местах и потом скрывшиеся оттуда. Потом

---

[1] пуговицею
[2] женщиною, торгующею бубликами
[3] «Современник» 1841 г. XXV т., стр. 1—89, XXVI стр. 1—86, статья Г. Ф. Квитки-Основьяненко «Предание о Гаркуше»

явилась сильная партия, в короткое время составившаяся и нахлынувшая откуда-то в харьковскую губернию. Обращаясь в тамошних местах, она наводила ужас на всех помещиков. Случалось так, что разбойники наезжали к иному помещику, забирали все, что могли, и уезжали, не ударив даже никого. Под заграбленные вещи брали у помещика фуры и волов, а после нескольких дней, в одно утро, все фуры и волы оказывались близ помещичьего двора, вместе с деньгами и запискою, в которой говорилось, что уплачивается за столько-то дней работы волами. — В одном селении жили два помещика. К одному из них, о котором говорили очень дурно, нагрянули разбойники. Управившись там по своему желанию, возвращались мимо другого. Увидев его среди двора, с небольшим числом людей, приготовившегося к обороне, разбойники говорили ему: «Не бойся ничего. Ты добрый пан. Мы тебя не тронем; иди в дом и успокой свою панью и деточек». И в самом деле, ехали мимо, не сделав ему вреда, тогда как соседа его обирали до чиста и сверх того производили ему чувствительное наставление... Только с открытием наместничеств введен здесь порядок; но благодетельные меры правительства не всеми понимались, да и сами исполнители не по всем частям были еще готовы. А потому, действия по некоторым предметам шли слабо, как это нередко случается при введении нового устройства. Притом же суеверный простой народ распускал ужасные нелепости об этой шайке. Надобно сказать, что Гаркуша именно и явился перед самым преобразованием Черниговского наместничества. Собрав небольшую шайку, он ходил с нею открыто, проповедывал какие-то странные идеи. Его очень скоро схватили и упрятали в Сибирь. Позднее действовавшая здесь шайка распускала слухи, будто бы этот самый Гаркуша вырвался из Сибири и атаманствовал над ними. В самом деле, они при действиях своих всегда кричали: — «Батько Гаркуша так приказал». Власти собирали толпы мужиков, вооружали их и намеревались выступать против разбойников. Тут шайка совершенно исчезала, а проявлялась очень скоро в другом уезде, подалее от прежних действий. Надобно, однако, заметить, не слышно, чтобы эти разбойники кого убивали, тиранили или поджигали где; они только грабили, а у иного и оставляли даже кое-что для прожития. Случалось, что иная шайка как-то необыкновенно долго гостила в ином уезде: о местопребывании ее, при всех усиленных стараниях, не получалось сведений. Казалось, ее нет нигде, а является везде. Может быть и выдумывали, но только уверяли, что атаман их, называющейся Гаркушей, являлся в разных видах. Вечером, при холодной, ненастной погоде, случайно, к кому-либо из помещиков въедет бывало военный чиновник, купец с товарами, или важный гражданский чиновник и просит укрыть его на ночь в предостережение от разбойников. Ему дают убежище, а ночью, когда в доме все беспечно спали, странник впускал товарищей и в благодарность за гостеприимство грабил добродушных хозяев. Рассказывают, что по какому-то случаю был схвачен один из разбойнической шайки. Говорят, что будто сам Гаркуша поддался с умыслом, чтобы высмотреть действия городничихи. Какое бы ему, казалось, до того дело? Как ни идет управление, ему нет ни пользы, ни вреда, но так говорят. Верно только то, что городничиха приказала схваченного разбойника содержать под строгим присмотром. Не представляя его к суду, морила голодом, выспрашивала ни о чем более, как только о месте, где хранятся награбленные им сокровища. Уже она располагала приступить к пытке, как арестант ушел. — «Мы его берегли до сего часу крепко, — говорили потом сторожа — не давали ему и есть; а ему кто-то со стороны приносил всего. Мы никак не додумались, кто ему это приносил? А не раз заставали, что он доедает поросятину, да еще и горилку пьет. Мы станем его бранить и приказывать, чтобы он ничего не ел, а он в ответ песни поет. Вот так и было до сего часа. Как приказали нам вести его, мы и хотели связать ему руки, а он и говорить: — «На что вы свяжете меня?» А мы говорим: — «чтобы ты часом не ушел». — А он говорить: — «я и так не уйду». — А мы спрашиваем: «ио? (неужто)? «—А он говорит: «ей Богу». — А мы говорим: «а ну, побожись больше». — Он и побожился, и таки крепко. Вот мы и повели его. Только что вышли на улицу, смотрим, — он не то думает: поворотил в другую сторону. Мы ему говорим: «иди за нами». А он поет, рукою махнул и идет своею дорогою. Мы ему кричим: «Брехун! сбрехал; побожился, а сам уходишь». А он все-таки идет и не оглядывается. Глядим, уже далеченько отошел; мы стоим и советуемся: что нам делать? А вот этот Климко и говорит — «Побежим, да поймаем его». — А мы говорим: «Побежим». — Глядим, примечаем, а он все далее, все далее… Как же совсем скрылся, тут мы принялись ругать его».

Вскоре за тем доставлено к городничему письмо от Гаркуши, коим он благодарит жену его за хлеб — соль и угощение, оказанное товарищу его, и что он вскоре посетит его сам, с семьею своею, и лично покажет свое расположение к ней. — «Причем, — так писал он, и городничий имел дух показывать это письмо многим и Квитке также — покажу, братику, и тебе любовь свою за твое мудрое управление городом.»

Гаркуша, по словам Квитки-Основьяненка, никого не убивал и не губил. Он и не грабил «благонажитаго». Одним словом, Гаркуша ни одному человеку безвинно не причинил даже испуга, не только зла. Вся цель Гаркуши была — исправить людей и истребить злоупотребления. По удостоверению Квитки, Гаркуша обучался в киевской академии и учился хорошо. Он в классе философии был из отличных: об этом можно удостовериться из академических списков. На диспутах он побеждал своих противников. И с такими сведениями, познаниями и понятиями, не верилось, чтобы он вдавался в разбойничество, душегубство и, еще более, подлый грабеж для своей пользы. Современники Гаркуши говорили о нем, будто бы он, будучи одарен чистым, здравым рассудком, видя вещи, как оне есть, сострадая к угнетаемым, не видя благородного употребления даров, случайно полученных людьми, — сперва негодовал, скорбел и почувствовал в себе призвание пресечь зло, искоренить злоупотребления, дать способы добродетельному действовать по чувствам своим, а у сильного отнять возможность угнетать слабого. Он принялся действовать, но по молодости и неопытности, — без обдуманного плана. Его не поняли, схватили, судили и сослали было на житье в Сибирь. Если бы он мог быть там полезен, — он бы остался; но видя, что ему там нечего делать, он нашел средство возвратиться сюда и начал действовать для пользы общей. Гаркуша любил повторять латинскую пословицу: homini, quem nescis, nequaquam male dicendum est[4]. Он был, по словам Квитки, «лет сорока с небольшим; лицо имел смуглое,

---

[4] Не знавши человека, не должно говорить о нем худо.

загорелое, запекшееся на солнечном жару; волосы на голове подстриженные, по обыкновенно тогдашних малороссиян; усы — широкие, густые, черные; глаза — быстро глядящие и проницательные. Одевался он в малороссийское платье, скромное, т. е. темного сукна и без блестящих выкладок; рукава верхней черкески не закидывал назад, но надевал на руки. Один только обыкновенный нож на цепочке за поясом, и никакого больше оружия: ни сабли при боку, ни пистолетов за поясом, по обычаю дорожных — ничего этого не было». По словам Квитки, история с приездом Гаркуши к городничему происходила таким образом. В передней послышался шум: «приехали, приехали!» Колокольчики гремят у крыльца, ямщики кричат на усталых лошадей, слуги из дома выходят со свечами на крыльцо; за ними поспешает городничий, застегивается, торопится, прицепляет шпагу, служанка догоняет его с треугольною шляпою, он схватывает ее и, вытянувшись, стоит на крыльце, держа в руках рапорт. Карета венской работы, с чемоданами и ящиками, останавливается у крыльца. Восемь почтовых лошадей, измученные, все в мыле, шатаются от усталости. Человек весь запыленный, подобия в лице не видно, быстро вскакивает с козел, ловко отпирает дверцы у кареты и откидывает подножку. Из кареты выскакивает бывший уже офицер и становится принимать генерала. Другой слуга, также вершков десяти, как и первый, встает лениво с запяток (видно спал всю дорогу), протирает глаза, весь в пыли, зевает и, с удивлением не проснувшегося, рассматривает всех и все, разбирая, куда они приехали? Судья вполголоса закричал городничему: «К подножке! идите к подножке!.. Так должно встретить…» Из кареты показался генерал: на пышном плаще блестящая звезда; на голове, сверх колпака, шелковая стеганая шапочка; щека подвязана белым платком. Лицо чистое, белое, румяное; заметны морщины, как у человека лет за шестьдесят. Из-под колпака висели развитые пукли седых волос. Он вылезал медленно, потому что одна нога была окутана и обвязана; он с трудом двигал ею.

Разговор не прерывался. Генерал в подробности рассказывал о военных действиях в недавно конченную войну с турками, чертил на столе планы сражений, штурмов; адъютант без запинки подсказывал имена храбрейших штаб- и обер-офицеров, коих генерал не мог же всех припомнить. Городничий слушал, городничиха слушала, и оба удивлялись, не понимая дела ни на волос. Разговор коснулся и до Гаркуши. Городничиха тут рассыпалась в рассказах. Что знала, слышала, все высказала генералу и заключила описанием мер, какие она предприняла, чтобы схватить проклятого харцыза. Подали ужин. Генерал кушал хорошо. Немного мешала ему больная, раненая щека, — но ничего. После ужина генерал просил хозяйку успокоиться, а сам расположился с хозяином покурить, «пока до чего дело дойдет». Так примолвил он, снимая платок, коим завязана была его щека. Городничиха вошла в спальню, кликала девок, — никто нейдет. Она в девичью, — нет ни одной. Она прошла в переднюю, чтобы послать за ними слугу, — ни одного человека нет в передней. Она вышла на крыльцо, звала девок, слуг — никто не отзывается. Рассердилась, воротилась, еще дожидала, — нет никого! Что могла, сбросила с себя, села на кровать — никто нейдет... Она прилегла, вздремнула; потом, утомясь чрез весь день, заснула крепко. Генерал продолжал пересказывать разные приключения из жизни своей. Вдруг вступили в комнату четыре человека страшного вида, в казачьих платьях. «Управились со всеми, батьку!» — сказал один из них грубым голосом и малороссийским наречием, обращаясь к генералу. Кончив трубку, Гаркуша с прежним равнодушием встал и сказал: «Пойдем же к пани-городничихе. Веди! — ты муж, дорогу должен знать. Хлопцы, хлопцы за мною». И затем прибавил мужу: «Войди один и объяви, что Гаркуша здесь». — Городничий, дрожа, взошел в спальню жены и робким голосом насилу проговорил: «Душечка! Гаркуша здесь!..» — Городничиха как ни спала крепко, но это известие и во сне поразило ее. Она мигом вскочила и вскричала: «Здесь? Наконец поймали!» — «Нет, голубочка, чорта два меня поймают. Я сам явился. Вот и хорошо, что ты одетая спала; нам меньше забот». Потом, взяв ее за руку, сказал: «Сядь, голубочка, подле меня», — и посадил ее. — «Пана-городничого я задобрил, он не приревнует вас ко мне. Ну, поговорим же любенько. Узнала ли ты меня, пани-городничиха?» Городничиха, дрожа всем телом, отвечала: «У... у... узнала...» — Квитка кончает: «Одним словом, Гаркуша увидел, что зло сильно владычествует между людьми, что из блаженной жизни, данной в удел каждому, враги добра, не страшась преследования закона, превратили ее в мучительное истязание, услаждаясь стенаниями ближних, забыли мыслить о возмездии, — и вот Гаркуша, одушевленный на истребление зла, изшел на дело. Он не убивает, но, узнав о лихоимстве судей, корыстолюбии их, несправедливом управлении, — является, выставляет перед ними пороки, злоупотребления, неправды их, стремится еще навести их на истинный путь убеждениями, увещаниями, угрозами — и грозит воздать некающимся по делам их. Говорят, Гаркуша — грабитель. — Вот с какою целью отнимает он у иного достояние. Услышав о купце, собравшем, или, правильнее сказать, содравшем, из чего только мог, великое богатство и не обращающем его на общую пользу, или проведав о зловредном ростовщике, пользующемся слабостью ближнего и разорившем его непомерными процентами и лихвенными начетами, — Гаркуша являлся у таких, отбирал неправедно ими нажитое и брал к себе, но не для себя. Объезжая сам и имея великое число во всем здешнем крае верных людей, узнавал бедные семейства, худо устроившие дела свои; небольших помещиков и других, впавших в несчастное положение, он снабжал из денег, отнятых у тех, которые не умели из них сделать общеполезного употребления, наставлял, как устроить дела свои — и, слыша от них благодарность, сам имел душевное наслаждение, видя из прежде бедных — цветущих состоянием. А сколько Гаркуша истребил, переловил шаек гайдамак, настоящих харцызов, набежавших сюда из вольницы запорожской, разбойничавших во всем крае и разглашавших, что они из шайки Гаркуши! Нет, он, не любя и малейшей неправды, не терпел такого зла и отбивал у настоящих разбойников охоту набегать сюда на промыслы. Одним словом, Гаркуша искоренял зло, преследовал пороки людей. Гаркуша был совершенно окружен военною командою; непривыкших к битве, но все-таки нападавших на него, почти шутя отбивал.

Часть разбойников была убита; прочие все взяты. Когда заковывали Гаркушу и Товпыгу особо, — Гаркуша сказал: «Как ни жалка смерть моего Довбни, но завидую ему: он избежал посмеяния от злой городничихи, а мне эта участь предстоит!» — и, скрежеща зубами, тряс цепями в ярости. По снятии допросов,

Гаркуша был заключен в тюрьму, и караул приставлен уже не из обывателей, а из военной команды, поймавшей его. Когда объявили Гаркуше решительный о нем судебный приговор, он, поклонясь присутствующим, сказал: «Справедливо. При всем учении моем, я ложно понял вещи, а пред законом и в том уже преступник, что принялся действовать самовластно. Участь мою, еще прежде вас, истина нарекла устами юности».

СПИСОК

www.ingramcontent.com/pod-product-compliance
Lightning Source LLC
Chambersburg PA
CBHW030238180626
46810CB00008B/3193